LA

MADELEINE

DE BESANÇON

PAR

LE CHANOINE J. ROSSIGNOT

CURÉ

BESANÇON

HENRI BOSSANNE, IMPRIMEUR-ÉDITEUR

1902

LA MADELEINE

BESANÇON

PAR

LE CHANOINE J. ROSSIGNOT

CURÉ

BESANÇON

HENRI BOSSANNE, IMPRIMEUR-ÉDITEUR

1902

AVANT-PROPOS

En 1742, un membre distingué du clergé de
la Madeleine, l'abbé Fleury, écrivait dans un
manuscrit conservé à la bibliothèque de la
ville : « Il y a bien des choses à dire sur le
Chapitre de Sainte-Madeleine dont on pourrait composer une petite histoire. » Ce travail, le savant abbé l'avait commencé ; il fut
découragé et il paraît bien que certaines sus-
ceptibilités ne furent pas étrangères à son
découragement. Cet obstacle ne pouvait
durer, et le même attrait pour les choses à
dire, non seulement du Chapitre, mais de la
paroisse et de tout le quartier, m'a poussé à
faire cette petite histoire.

Elle a une autre raison d'être : l'attachement connu de tous les habitants pour leur cité
d'outre-pont. Beaucoup y demeurent jusqu'à
la fin de leur vie ; ceux que les circonstances
en éloignent, ne s'en vont pas ordinairement
sans regrets et jamais sans souvenirs. L'esprit paroissial y est bien conservé, et l'espoir
de le maintenir a compté pour beaucoup dans
mes intentions en écrivant ces pages. Il me
serait agréable de les offrir à tous mes paroissiens : l'édition n'y suffirait pas. Ceux qui

*voudront bien acquérir ce petit volume pourront du moins penser qu'ils font une aumône,
et qu'elle ira toute entière à notre église. Les
dépens sont payés, sans aucune intention,
d'un autre remboursement.*

*J'ai pensé aussi me conformer aux prescriptions de Monseigneur l'Archevèque, qui a
demandé à tous les curés, sur leurs églises
et leurs paroisses, des notices destinées à compléter le Pouillé du diocèse. « Je serais heureux, ajoutait Sa Grandeur, que le travail
que je demande ici fût, pour tous, le point de
départ d'un travail plus développé que plusieurs ont commencé, et qui pourrait s'appeler la monographie de chaque paroisse. Je
le désire vivement » (1). Ce louable désir est
un ordre dont chacun comprend l'utilité, et
je suis heureux de m'y conformer.*

*Beaucoup de preuves et d'anciens titres
pourraient facilement s'ajouter à ce volume
et le grossir. Notre savant archiviste,
M. Gauthier, vient de les cataloguer, pour
la plupart, dans de nombreux cartons ; il a
même écrit de sa main, pour en faire cadeau
au département, tout le cartulaire de Sainte-
Madeleine. C'est un in-folio qui lui a coûté
un énorme travail. Il a mis à ma disposition
tous ces documents, et, avec la complaisance
qu'on lui connaît, il m'a aidé à les parcourir
utilement. La bibliothèque de la ville, où l'on
est accueilli avec la même amabilité, a été*

____

(1) Lettre circulaire nº 29, année 1900.

aussi consultée, ainsi que celles du Chapitre et du Séminaire. Le manuscrit du vigneron Laviron, à côté de ses incursions dans la politique générale et les grands événements de l'époque révolutionnaire, a des indications précises et précieuses qui rentrent dans le cadre de cet ouvrage. Tous ces moyens ont servi à résumer, à développer, à compléter les choses qui intéressent notre quartier et qu'on trouve éparses dans nos historiens franc-comtois : Chifflet, Dunod, Rougebief, Richard, Castan, Guenard et surtout dans les Mémoires et documents inédits pour servir à l'histoire de Franche-Comté. Ces indications disent assez que je n'ai pas la prétention d'avoir fait une œuvre entièrement nouvelle ; j'ai glané, un peu partout, même dans les endroits écartés, des renseignements que personne, jusqu'ici, n'avait songé à réunir. J'ai agréablement occupé, en écrivant ces lignes, quelques instants de loisir ; à ceux qui en ont assez pour les lire, je souhaite aussi quelque agrément.

CHAPITRE PREMIER

La population du quartier de la Madeleine

Le texte bien connu de César est le premier qui nous renseigne sur l'emplacement occupé par notre ville avant l'ère chrétienne. « Besançon, dit-il, est une ville fortifiée par la nature du lieu où elle est située ; le Doubs forme autour de son enceinte comme un cercle parfait qui l'environne presque entièrement. L'espace qui reste est, au plus, de six cents pieds, et fermé par une haute montagne, de façon que le pied du rocher touche des deux côtés à la rivière. (1) » Puisque la ville était presque entièrement environnée par la rivière, elle n'occupait donc que l'*anneau du Doubs* et il n'y avait pas, ou à peu près pas, d'habitations au delà du pont. Elles étaient toutes agglomérées au pied et sur le versant de la montagne. Elles ne s'étendent jusqu'au sommet que sous l'Empire, au commencement de l'ère chrétienne. Plus tard, mais avant le quatrième siècle, des temples

(1) Comment. Julii Cœsaris. De bello gallico.

s'étaient élevés en l'honneur des dieux : Mars et Mercure en avaient un près de la rivière, à l'endroit où furent plus tard les Cordeliers : le même Mercure, avec son titre bisontin de *Cissonius*, était aussi honoré dans la rue des Arènes. Ainsi se trouvent indiqués nos deux premiers quartiers (ou bannières) du Bourg et d'Arènes.

La légende de saint Lin nous apprend que sa crypte, dont il sera parlé plus loin, remonte au troisième siècle. Ce lieu, où il se retirait, était alors désert : l'église de Sainte-Madeleine s'y éleva plus tard, comme celle de Saint-Ferjeux, sur la crypte de nos saints apôtres. Les actes de saint Antide nous apprennent que ce saint évêque (400-407) *passait le pont pour sortir des murs de la ville et prêcher* ; il évangélisait donc une population qui n'était plus enfermée entre la rivière et la montagne.

Les documents nous manquent pour suivre les progrès et l'extension de la ville au delà du pont, dès ces temps reculés. Exposée aux premiers coups de l'ennemi et à toutes les invasions, cette portion de la cité a dû souffrir plus que toute autre.

Besançon, dévasté par Crocus au milieu du troisième siècle, n'apparaît plus à Julien l'Apostat que comme une petite ville en ruines. C'est en ces termes qu'il en parle dans sa lettre au philosophe Maxime : *oppidum nunc dirutum*. Les Vandales et Attila, aux quatrième et cinquième siècles ; les Nor-

végiens et les Sarrasins jusqu'au huitième ;
des dissensions intestines jusqu'au dixième,
enfin l'invasion des Hongrois (937), ne per-
mettent guère à la ville, et moins encore à
nos quartiers, de se développer. Ce n'est
qu'au onzième siècle qu'elle commence à re-
naître de ses cendres, Elle change de face
sous l'épiscopat d'Hugues Ier. Ce grand archevèque (1031-1067) entendait pourvoir au
service religieux d'une population déjà nombreuse quand il fondait l'église de Sainte-
Madeleine. Il est pourtant constaté dans une
bulle où le pape Callixte II, en 1120. confirme
certains droits du Chapitre, que le terrain
compris entre la porte d'Arènes et le dortoir
des chanoines ne renfermait que quelques
maisons, des vignes et des terres incultes.
Beaucoup d'autres quartiers avaient à peu
près le même aspect, et un de nos historiens
a pu dire avec raison : « Dans les onzième et
douzième siècles, si l'on excepte la partie
construite sur la montagne, séjour de l'archevèque, de ses officiers et de son chapitre,
l'enceinte actuelle de Besançon était occupée
par quatre ou cinq villages épars, avec leurs
meix, leurs champs, leurs vergers, leurs
vignes. Dans ces colonies rustiques, tout
était construit sans ordre, suivant que le
voisinage d'une église, d'une abbaye ou de
la rivière avait aggloméré les habitations.
La plupart des maisons étaient bâties en
bois, et quand on vendait une maison de
pierres, on avait soin de déclarer dans l'acte

cette circonstance, qui était alors remarquable. » (1)

Une bulle de Léon IX, en 1049, dit que la fontaine de Battant était *auprès* et non *au dedans* de la ville, et dans une charte de 1266, à propos d'une transaction entre les chanoines et un citoyen, il est question de vignes et d'autres terres situées de ce côté ; puis, de murs déjà vieillis et de nouveaux fossés vers la porte de Battant. (2) Les bannières étaient comme des bourgs fortifiés, mais les murs qui les entouraient les auraient mal défendues. La bannière qui a conservé le nom de *Bourg*, était séparée par la rivière de celles d'Arènes, de Charmont et de Battant, et formait avec elles le périmètre de la paroisse. Du treizième au dix-septième siècle, on signale dans ce premier quartier qui faisait partie de la paroisse de Sainte-Madeleine : la porte qui a gardé son nom de Bourg, le puits du marché, la mairie (place Labourey), l'église des Cordeliers (collège catholique), l'hôpital du Saint-Esprit, la place des Macelles, devant les anciennes boucheries, enfin la porte du pont. Le nombre des habitants s'augmentait avec les rues, les places et les monuments.

Au douzième siècle, les bénédictins de Saint-Vincent possédaient un moulin dans la rue d'Arènes, et leur meunier y avait une vigne. La rue de Vignier était habitée, mais

(1) *Besançon*, par Guenard, p. 8.
(2) *Documents inédits*, II, 205.

elle touchait à un vaste terrain planté de vignes. Charmont avait un four en 1182. La rue de l'Ecole est aussi ancienne que l'Eglise.

En 1265, l'archevêque Guillaume permit de bâtir sur le pont et une construction s'éleva sur chacune de ses arches. On ne voit pas l'utilité de cette permission, car il résulte d'un document intéressant le Chapitre, qu'au douzième siècle, le coteau de Charmont était à moitié cultivé, *si culta vel habitata fuerit terra*. (1)

Avant la conquête, la population de **notre** quartier s'était fixée principalement le long de la rue Battant et à gauche de celle de Chartres. Celle-ci est mentionnée dans **un** acte de vente daté du VII des calendes d'avril 1307, et qui se trouve aux archives de Saint-Vincent. Mais, après 1674, Besançon devint une ville importante ; les anciennes murailles furent remplacées par les nouvelles fortifications ; on construisit des casernes, et, chaque année, quelque monument nouveau embellissait la cité. La partie de la ville qui est au delà du pont s'accrut comme le reste. Or, d'après un état du comté de Bourgogne qui est à la bibliothèque de la ville, on comptait à Besançon, en 1690, 11,520 habitants. Dans une copie de cet état, faite en 1716, il est dit que ce nombre avait doublé.

Cette progression, exceptionnellement rapide, ne suffirait pas à expliquer ce qu'on lit

(1) *Mém. et doc. inéd.* II, 330.

souvent dans les archives du Chapitre : qu'au milieu du dix-huitième siècle, la paroisse comptait 20,000 habitants. Elle s'étendait, dans la banlieue, sur un vaste territoire ; mais, les habitations y étaient relativement rares. Le dénombrement qui fut fait de la population en 1803 nous éclaire davantage. Il y avait alors à Besançon 28.436 habitants, dont 17.341 dans le canton Nord et 11.095 seulement dans le canton Sud ; 25,000 environ étaient renfermés dans l'enceinte des remparts. Les ménages, au nombre de 8148, étaient répartis dans 2037 maisons. L'effectif de la garnison n'était pas compris dans ce recensement. (1) Pour peu que la Révolution ait modifié la démographie de notre ville, le côté du nord pouvait avoir facilement 20,000 âmes, au temps de la construction de l'église de la Madeleine.

----

(1) *Besançon sous le 1er Empire*, par le Dr Ledoux, p. 8.

CHAPITRE II

Hugues Ier

Le fondateur de l'église et du Chapitre de
Sainte-Madeleine a droit à une courte notice
dans cette monographie.

Hugues Ier était fils d'Humbert II, sire de
Salins. On sait que cette famille était des plus
anciennes et des plus illustres de la province.
Chanoine de Saint-Etienne, chapelain et chan-
celier du roi de Bourgogne Rodolphe III ;
abbé de Saint-Paul ; archevêque de Besançon ; chapelain et archichancelier de l'empereur d'Allemagne Henri III (qui avait été
aussi roi de Bourgogne et devint le plus puis-
sant monarque de l'Europe) ; prince du Saint-
Empire ; légat et ami du pape Léon IX, tels
sont les titres de notre grand archevêque. Ils
ne sont au dessus ni de ses talents ni de son
mérite. Dans l'administration, la politique et
l'Eglise, il porta toutes les charges et soutint
toutes les dignités. Il faut peut-être aller jusqu'à Granvelle pour rencontrer, sur le siège
de Besançon, un prélat qui lui soit compa-
rable. **Ses services, plus anciens, seraient**

moins contestés, et il aurait sa statue sur une de nos places publiques si la reconnaissance traversait plus souvent les siècles.

Hugues n'était encore que chanoine de Saint-Etienne quand il dota sa ville natale de la collégiale de Saint-Anatoile. C'était une nouveauté dans la province. Elle fut autorisée par le roi Rodolphe en 1029. Un peu plus tard, il fonda une seconde église, dédiée à saint Michel et desservie, comme l'autre, par un chapitre. Hugues, élevé au siège de Besançon, fut sacré le 7 novembre 1031, par Brunon, évêque de Toul, qui devait monter plus tard sur le trône pontifical avec le nom de Léon IX (1049-1054). Le pallium ne fut envoyé à notre archevêque que le 15 avril 1037, par Benoit IX.

La peste et la famine, après la guerre, avaient porté la désolation dans toute la contrée jusque dans le sanctuaire ; le nouvel archevêque ne trouvait partout que des ruines.

L'antique cathédrale de Saint-Etienne était à demi écroulée, et l'abbaye de Saint-Paul à peu près dans le même dénuement ; la situation des paroisses et des clercs était lamentable. Au moment de son élévation, Hugues effrayé, voulut reculer. Il accepta la charge plutôt que l'honneur et se mit résolument à l'œuvre.

Il fut des premiers à proclamer et à faire respecter la *Trêve de Dieu* ; puis, profitant de la paix relative que procurait cette loi tutélaire, il acheva la cathédrale de Saint-Etienne et y établit un chapitre distinct de celui de Saint-Jean. Commencée au huitième siècle, la ruine de l'abbaye Saint-Paul était complète au dixième. Hugues l'avait reçue en cet état du roi Rodolphe, quand il était son chapelain. Il en releva l'église en 1044, en fit une collégiale et y établit un chapitre. Il n'y eut dans le diocèse ni une paroisse, ni un monastère qui ne ressentît les effets de la sollicitude du grand archevêque.

Comme prince, il avait les clefs de la ville, le droit de battre monnaie et de rendre la justice. Ces prérogatives lui imposaient des devoirs ; il ne songeait qu'à les remplir. Il fit fleurir le commerce, et attira dans la ville de nombreux colons qui s'établirent dans le voisinage des églises et des monastères. La population était alors concentrée près de la montagne de Saint-Etienne ; pour la porter sur la rive opposée du Doubs, il bâtit l'église de Sainte-Madeleine et restaura celle de Saint-Laurent.

Ces immenses travaux ont fait de Hugues Ier le plus insigne bienfaiteur de notre cité ; ils lui valurent les éloges de saint Pierre Damien, dans une lettre importante que nous citerons plus loin. Hugues mourut le 27 juillet 1067 et fut inhumé à Saint-Paul, dans le tombeau qu'il s'était fait construire et qu'il montrait volontiers aux amis qui venaient le visiter. Il n'avait voulu ni ornements, ni inscriptions. Plus tard, on couvrit sa tombe d'une pierre, où l'on avait gravé sa figure, avec ces vers :

Lux clero, populo dux, pax miseris via justo,
Fulsit, disposuit, consuluit, patuit.
Nonus trigesimus præsul bisuntinus Hugo.
Cum restant julii quinque dies, obiit.

Lumière du clergé, chef du peuple, consolation des malheureux, guide du juste, Hugues a brillé, gouverné, soulagé, accueilli. Trente-neuvième évêque de Besançon, il est mort le cinquième jour avant la fin de juillet.

L'éloge est plus exact que les chiffres, car Hugues Ier n'était pas le trente-neuvième, mais bien le quarante-neuvième et même le cinquantième évêque de Besançon, si on tient, comme il est vraisemblable, Saint Ferréol pour le premier.

Lorsqu'on rebâtit la nef de l'église de Saint-Paul, en 1371, le corps d'Hugues Ier fut exhumé, placé dans un tombeau plus riche, avec la même pierre, sur laquelle on ajouta l'inscription suivante :

Anno millesimo trecentesimo septuagesimo adjunge primo. Pater Hugo reconditur imo cum superest quinta julii lux in libitina.

L'an 1371, notre Père Hugues a été déposé dans cette tombe, le cinquième jour avant la fin de juillet.

Son cœur fut placé dans le cloître supérieur de l'église de Sainte-Madeleine, sous un marbre noir au milieu duquel étaient ces mots :

Hugonis primi cor sepelitur ibi.

Ici repose le corps d'Hugues Ier.

Et comme entourage :

*Fratres orate pro Hugone primo fundatore.
Per quem sumus in honore.*

Mes frères, priez pour **Hugues** Ier notre fondateur, à qui nous devons nos dignités.

CHAPITRE III

La collégiale

La tradition, d'accord avec les documents historiques, ne laisse aucun doute sur la fondation de l'église de Sainte-Madeleine par l'archevêque Hugues Ier dit le Grand ; mais il est difficile de fixer exactement l'année de l'installation du Chapitre.

Il existait sûrement en 1062, puisque, dans la visite qu'il fit à Besançon, le saint cardinal Pierre Damien admira les deux nouvelles collégiales de Saint-Laurent et de Sainte-Madeleine, et qu'il écrivit à l'archevêque pour le féliciter de les avoir établies. Nous savons, d'autre part, que le pape Léon IX, en 1050, consacra les deux églises de Saint-Etienne et de Sainte-Madeleine. Cette dernière n'était pas achevée avec toutes ses dépendances, car nous voyons qu'on y travaille encore treize ans plus tard ; elle était du moins assez avancée pour que le culte y fût décemment établi. Les chanoines la desservaient, et plusieurs ont pensé qu'ils le faisaient dès l'année 1043.

Les constitutions données au Chapitre de

Sainte-Madeleine, par son illustre fondateur, furent approuvées par le pape Alexandre II, le 15 des calendes de mai 1073, et confirmées par le pape franc-comtois Calixte II, le 11 mars 1120, en ces termes :

« Calixte, évêque, serviteur des serviteurs de Dieu, à ses chers fils les chanoines de l'église de Sainte-Madeleine de Besançon, à eux et à leurs successeurs à perpétuité. L'autorité de notre charge nous porte à nous occuper de la situation de toutes les églises et à confirmer ce qui a été sagement établi ; c'est pourquoi, chers fils en Jésus-Christ, accédant volontiers à votre demande, à l'exemple de notre prédécesseur le pape Alexandre, de sainte mémoire, nous confirmons, à vous et à vos successeurs, ce qui a été accordé par Hugues de Salins, de pieuse mémoire, archevêque de Besançon. »

Suit l'énumération des biens possédés par le Chapitre : en premier lieu, son cloître et les maisons y attenant dans les rues d'Arènes et de Charmont jusqu'au dortoir et au réfectoire ; puis des meix, des terres, un bois et des bénéfices dans diverses paroisses, spécialement à la Demie Virey, Courchapon, Bussières, etc., après quoi, le pape continue : « Nous voulons que tout ce que la même église possède également aujourd'hui, tout ce qu'elle pourra posséder dans la suite et, avec l'aide de Dieu, équitablement et canoniquement acquérir, demeure assuré dans son intégrité, à vous et à vos successeurs. »

« Nous ordonnons donc que personne n'ait
la témérité de troubler la dite église ou de
lui enlever ses biens, ou de retenir ceux qui
lui auraient été enlevés, de les diminuer ou
de les endommager ; mais que tous soient
intégralement conservés et servent entièrement à l'usage de ceux pour l'entretien desquels ils ont été donnés, sauf tous les privilèges canoniques de saint Jean l'Evangéliste
et de l'archevêque de Besançon. Si donc, à
l'avenir, un ecclésiastique ou un séculier a la
présomption de violer cette page de notre
constitution, et, qu'après deux ou trois aver-
tissements, il ne s'amende pas, en donnant
satisfaction convenable, qu'il soit privé de
l'honneur et du pouvoir afférents à sa dignité ; qu'il soit responsable, au jugement de
Dieu, de l'injustice qu'il a commise ; qu'il soit
privé de la communion au très saint corps et
sang de Jésus-Christ notre Dieu, Seigneur
et Rédempteur, et qu'au dernier jugement,
il soit soumis à son implacable justice. A
tous ceux, au contraire, qui respecteront les
droits de votre susdite église, paix en Notre
Seigneur Jésus-Christ, afin qu'ils reçoivent
dès ici-bas la récompense de leur bonne
action et en trouvent, pour prix, auprès du
juge inexorable, la paix éternelle (1). »

La vie de communauté avait donné, jusque-
là aux chapitres, une grande ressemblance
avec les monastères ; le temps approchait où,

1) Bullaire du pape Calixte II, tom. I, p. 224.

malgré les efforts des papes et des conciles, les chanoines se partageraient les revenus de leurs églises et en jouiraient comme de bénéfices particuliers. On n'en était pas encore là, à Sainte-Madeleine, et le dortoir, le réfectoire désignés par l'archevêque et par le pape, comme limites de propriétés, indiquent au moins un reste de vie commune. Ce n'était pas néanmoins celle des religieux, ni même celle des chanoines réguliers qui ne furent institués qu'au siècle suivant. Hugues, qui avait sécularisé la cathédrale de Saint-Etienne et l'abbaye de Saint-Paul, ne pouvait imposer un autre genre de vie à notre collégiale. Il ne voulait ni Abbé, ni supérieur, mais un doyen élu par ses frères. (1)

Les chanoines de Sainte-Madeleine étaient au nombre de douze. Le premier d'entre eux était le chantre qui présidait l'office ; le titre et les fonctions de doyen appartenaient de droit au trésorier de Saint-Jean. Il n'avait pourtant pas voix délibérative au Chapitre de Sainte-Madeleine. Le chantre était élu par ses confrères. L'office se célébrait dans un vaste chœur, supporté par une voûte et des piliers, séparé ainsi complètement de celui où se faisaient les cérémonies paroissiales. (2)

Les anciens clercs de notre église devinrent naturellement ses premiers chanoines.

---

(1) *Rogo...ne abbas ponatur, neque præpositus ordinetur... decanus... a fratribus eligatur* (*Carta Sti Pauli*).

(2) C'est ce qu'on appelle le *haut chœur* qui existe encore dans plusieurs églises de monastères chargés du service paroissial, comme à Einsiedeln.

Pour comprendre le mode de recrutement de leurs successeurs, il faut rappeler la législation de l'époque. Souvent, les clercs recouraient à Rome pour obtenir un bénéfice ; de là le *mandat*, c'est-à-dire l'invitation, faite par le pape à un évêque de l'accorder ; puis *l'expectative*, c'est-à-dire l'assurance donnée de l'obtenir. Cette double intervention n'allait pas sans inconvénient ; elle fut réglementée par la *réserve*. Les nominations n'étaient plus réservées au souverain Pontife que dans des temps marqués ou des circonstances déterminées par le droit.

A Sainte-Madeleine, le pape avait la collation des canonicats et des autres bénéfices qui devenaient vacants dans les mois de janvier, février, avril, mai, juillet, août, octobre et novembre ; pendant les quatre autres mois (mars, juin, septembre et décembre), le Chapitre y pourvoyait en toute liberté. Le concordat appelé *germanique*, conclu entre Nicolas V et l'empereur Frédéric III (1447) ne paraît pas avoir modifié cette alternative. Le nombre des chanoines avait été fixé à douze ; en 1183, ils obtinrent, de l'archevêque Thierri II, un statut qui le portait à treize, le doyen et le chantre compris. Ce statut fut approuvé par le pape Urbain III. La prétention d'avoir quinze canonicats fut un instant discutée en 1321, mais elle fut rejetée. Au contraire, en 1414, Jean XXIII trouva le temps, avant sa déposition qui mit fin au schisme d'Occident, de supprimer la treizième prébende et d'en affecter le revenu à l'entretien des enfants de chœur. Après quatre ans et l'élection de Martin V, ce pape devait encore intervenir pour confirmer la décision de son prédécesseur. Il déléguait l'Abbé de Saint-Vincent pour une enquête qui aboutit au rétablissement définitif du premier état de choses.

Les *réserves* ont été abolies en France, en 1517, par le concordat de Léon X et de François Ier ; mais la Franche-Comté était espagnole et, quand elle ne l'était plus que de cœur, un demi siècle après la conquête, elle n'acceptait pas encore les lois de ses nouveaux maîtres. L'intérêt y poussa pour la première fois nos chanoines en 1723. La mort ayant fait vaquer une prébende le 7 avril, mois réservé, une minorité se forma dans le Chapitre pour y nommer le clerc tonsuré, Gilbert, qui s'installa le 5 juin. Cependant Innocent XIII nommait par bulle Gabriel Gonon, curé de Cromary, et ses lettres d'attache, signées de Louis XV, étaient enregistrées au parlement de Franche-Comté. Le nouveau chanoine était ainsi autorisé, après le serment ordinaire, à prendre possession de sa stalle. Ses collègues s'étaient résignés, ne trouvant plus rien dans la bulle *qui fût contraire à leurs droits et à ceux de leur église*. Gilbert évincé en appela au bailliage de Besançon, où son heureux concurrent se laissa condamner par défaut. Celui-ci en rappela lui-même au pape et au roi, et ne triompha définitivement qu'après une nouvelle procédure. Ce bon chanoine, après s'être assis au chœur pendant une quinzaine d'années, prit la lourde charge de curé et, pour l'alléger à ses successeurs, il leur légua sa modeste fortune de 35,000 livres (1756). Le revenu servit à réunir dans la vie commune et sous le même toit, le curé et ses quatre vicaires.

La prétention fut émise dans une délibération du 29 janvier 1749, de n'admettre au canonicat que des nobles, fils de nobles, ou des gradués fils de gradués. Des lettres patentes obtenues, après deux ans d'instances (8 janvier 1751), déclarent naïvement que cette louable décision avait pour but de procurer une ressource aux enfants des nobles et des gens de loi. (1) Elle était d'ailleurs conforme à ce qu'on appelait alors le droit des gradués. En vertu de ce droit, les gradués des vingt-et-une universités du royaume choisissaient dans les bénéfices qui devenaient vacants pendant les mois de janvier, avril, juillet et octobre (2). A Sainte-Madeleine, on entendait non pas les recevoir, mais les choisir. Tout le monde s'éleva contre le nouveau statut : les clercs de l'église, au nom de leurs intérêts et de leurs services méconnus ; les marguilliers au nom de la paroisse ; le nonce au nom du pape que ne pouvait lier une délibération

(1) *Edits de Franche-Comté*, t. IV, page 133.
(2) *Revue de l'Institut catholique de Paris* (mai-juin) 1895, page 288.

capituaire : il voulait rester libre de ses choix pendant les mois *réservés* ; les chanoines auraient la même liberté pendant le reste de l'année. Ces derniers cédèrent quelque peu en consentant à accepter, sans noblesse et sans grade, *les enfants de la paroisse*. C'était, disaient-ils, en reconnaissance des subsides votés pour la construction de la nouvelle église. On devine qu'en fait le Chapitre resta presque fermé aux gens du peuple.

En général, les chanoines de Sainte-Madeleine étaient des hommes de bien, instruits, réguliers. Plusieurs savaient, par le soin du bien des pauvres ou de quelques communautés religieuses, suppléer au travail qui leur manquait d'ailleurs. D'aucuns, et non des moindres, étaient des hommes du monde s'occupant des lettres, des arts ou des affaires publiques. Avec eux, l'église compta toujours quelques ecclésiastiques chargés de diverses fonctions dans la célébration des offices. Leurs charges furent régulièrement fondées au commencement du treizième siècle sous le nom de *vicairies*. Le nombre de ces charges fut augmenté et leur nom changé dans la suite, on les appela *chapellenies* et on en compta jusqu'à quatre-vingt-trois. Une chapelle ainsi comprise n'était qu'une fondation pieuse (messe ou tout autre service religieux) à un autel déterminé. Elle ne supposait pas la résidence, elle ne donnait au titulaire que le *droit d'entrée* pour s'acquitter de sa charge.

Cependant les fonctions des chapelains et le partage de leurs revenus donnaient lieu à des difficultés. L'archevêque François de Blitersvich de Moncley, délégué par le roi, pensa y mettre un terme en transformant les quatre-vingt-trois chapelles en douze semi-prébendes. Les biens de la collégiale devinrent communs entre les chanoines qui en eurent les deux tiers et les semi-prébendés l'autre tiers ; ceux-ci devaient être examinés et nommés par les premiers.

Le décret archiépiscopal, imprimé en 26 pages (1), peut être considéré comme un acte de reconstitution de notre Chapitre ; il fut confirmé en 1735, par lettres patentes. Les chanoines et les semi-prébendés ne formaient plus qu'un seul corps dont les membres avaient des droits et des devoirs minutieusement déterminés. Les uns et les autres se ressemblaient si bien que l'idée vint aux semi-prébendés de supprimer toute différence. Les semi-prébendes resteraient vacantes après la mort de leurs titulaires ; quand leur nombre serait réduit de moitié et leurs revenus doublés, les six derniers demeurants seraient chanoines au même titre que les autres. L'opposition du cardinal de Choiseul fit abandonner ce projet.

Le costume des chanoines de Sainte-Madeleine a été, depuis le quinzième siècle, celui du chapitre de Saint-Jean et Saint-Paul de Rome ;

1) Archives du département (28 mai 1734)

une bulle d'Eugène IV (en 1443) leur a donné l'autorisation de le porter. C'était, en hiver, la grande cape noire fourrée de petit-gris sur le rochet, en été, le surplis avec l'aumusse de petit-gris doublée d'hermine.

L'habit de chœur des semi-prébendés est décrit comme il suit dans un règlement de 1736, où l'archevêque Antoine-Pierre de Grammont explique, en 180 articles, les obligations et les prérogatives de notre Chapitre : « Les semi-prébendés porteront, au chœur, en hiver, un rochet sans manches, un manteau de laine noire avec parement de laine rouge, un camail ou chaperon de laine noire fourré d'une peau de couleur d'écureuil. L'été, ils porteront un surplis et une aumusse de peau, couleur d'écureuil.

Dans l'armorial général de 1696, les armes de notre Chapitre sont blasonnées comme il suit : « d'azur à une représentation du Fils de Dieu apparaissant après sa résurrection à Sainte-Madeleine, le Fils de Dieu à senestre, le visage et les mains de carnation, vêtu de gueules et d'or, avançant la main dextre vers la Madeleine qui est à genoux devant lui, vêtue de gueules, d'argent et de pourpre, le tout devant un arbre au naturel, au pied duquel il y a un écusson en ovale, chargé d'un D à l'antique d'or, enfermant une boîte ou coupe couverte d'argent, et autour est écrit, en caractères de gueules : *sigillum insignis capituli beatæ Mariæ Magdalenæ Bisuntinæ.* »

Tous les chanoines, qui assistaient au

chœur n'étaient pas prêtres ; parfois même
ces derniers y étaient peu nombreux. Nous
le voyons par une ordonnance de Jean d'Algrin, le premier de nos archevêques qui
devient cardinal (1225-1227). Il exige qu'on
en compte au moins quatre et qu'on fasse,
entre les autres, une répartition équitable des
fonctions convenant à leur ordre. On était
sévère pour en obliger l'accomplissement et,
dans les réunions capitulaires, les négligences
ou les absences non motivées étaient suivies
de monitions toujours écoutées. Il n'y avait
guère d'exemptions que pour le curé et ses
vicaires tenus au service de la paroisse ; pour
le séchal et le procureur appelés au dehors
par les affaires de l'église ; ou enfin pour certains conseillers-clercs du parlement.

Le Chapitre de Sainte-Madeleine tenait le
premier rang après celui de Saint-Jean. Les
chanoines de Saint-Jean-Baptiste, dans une
procession, en 1593, ayant pris le pas sur lui,
l'archevêque les remit à leur place. En 1711,
les bénédictins de Saint-Vincent ont eu la
même prétention ; ils en furent déboutés par
un jugement, et un mémoire imprimé maintint l'ancien droit. Le Chapitre de Sainte-
Madeleine avait aussi le droit de suffrage
dans l'élection des archevêques ; il lui fut
contesté, en 1236, par les chanoines de Saint-
Étienne. Un procès s'en suivit en cour de
Rome ; il dura vingt ans. Dès le 15 avril de
cette année 1236, un rescrit pontifical déléguait un juge apostolique qui maintint d'abord

le même droit également discuté aux abbés de Saint-Vincent et de Saint-Paul ; le prieur des dominicains abandonna le sien qui était mal fondé. Les chanoines de Sainte-Madeleine ne cédèrent qu'à la force et après avoir épuisé tous les moyens de résistance. En 1266, le juge délégué pour juger leur cause était l'évêque de Troyes. Il se contenta d'imposer, sur la question, un silence qui ne fut point gardé, car, l'année suivante, le pape Clément IV chargea l'évêque de Châlons de contraindre, même par les censures, les chanoines de Sainte-Madeleine d'abandonner leurs prétentions. Dès le commencement du douzième siècle, l'archevêque Guillaume d'Arguel (1111) avait donné à nos chanoines un *droit de justice* semblable à celui dont jouissaient les églises de Saint-Etienne et de Saint-Jean Un règlement signé à Mayence, en 1190, par l'Empereur Henri VI, explique qu'il s'agit des *causes civiles des particuliers de leur corps, de celles de leurs domestiques et de leurs hommes dans la cité de Besançon*. Nous lisons dans un almanach de 1752, qu'au seizième siècle le Chapitre de Sainte-Madeleine avait un bailliage comme celui de Saint-Paul.

L'énumération de ses biens ne serait pas très difficile. On la pourrait faire non seulement d'après les ordonnances épiscopales qui ont fondé ses dotations et les bulles qui les ont confirmées, mais surtout en parcourant les registres des délibérations capitulaires Nos historiens franc-comtois, Chifflet et Dunod, en ont aussi parlé. Il en est autrement de l'évaluation des revenus et des charges qui serait impossible si on n'en avait pas le résumé.

Le don d'une église comportait ses terres et ses dîmes ; celui d'une chapelle, les offrandes ou oblations qu'on y apportait. La contenance des terrains, l'importance des maisons ne sont pas toujours exactement évaluées ; la valeur des monnaies variait quelquefois ; les guerres ont causé souvent des désastres irréparables. A la fin du dix-septième siècle nous voyons apparaître des capitaux placés chez des particuliers et même au trésor royal ; le taux en est très variable : 2 1 2. 5 et 6 0/0. Après la crise financière de 1720, il monte très haut. Une rente sur l'Etat, en 1723, était de 415 livres 19 sols pour un capital de 2797 livres 10 sols. Mais ce n'était qu'une faible compensation des pertes subies à la suite de la déroute de Law : beaucoup de remboursements ayant été faits en billets de banque qui n'étaient qu'une première édition des assignats. Enfin la construction de la nouvelle église imposa au Chapitre des dépenses qui font honneur à sa générosité, mais qui ont pesé lourdement sur son budget.

Ces réflexions prémises, disons que le Chapitre de Sainte-Madeleine a eu des droits plus ou moins étendus sur vingt à vingt-cinq cures (1) ; il possédait des maisons et des

(1) La Demie, 1073 ; Boussières, Azans près de Dole et

terres à Besançon et en divers autres lieux ; quelques capitaux et les fondations faites à l'église. Il ne fut jamais riche ; il devint pauvre dès la première moitié de l'avant-dernier siècle ; en 1738, il demandait à l'archevêque Antoine-Pierre II de Grammont, une réduction de ses charges devenues trop lourdes. En 1766, le revenu fixe d'un canonicat fut de 518 livres 14 sols et celui d'une semi-prébende, de 219 livres 7 sols.

Le compte général des dépenses du Chapitre s'élevait à 12,273 livres celui des recettes à 11,922

Déficit   351 livres.

Nous avons, pour l'année 1770, des comptes plus complets :

Revenus

Intérêts des capitaux	1,073 livres
Loyers des maisons	1,779 —
Fermages	4,669 —
Censes	524 —
Casuel de la paroisse	1,600 —
Offices de fondation	83 —
Total	9,728 livres

Sayens près de Neublans, Foucherans 1092 ; Chenevrey 1101 ; Marnay et Courchapon 1109 ; Dole (avec les moines de Baume) 1120 ; Goux près Dole et Péseux, près de Neublans 1134 ; Tromarey, Brussey et Notre-Dame de Pontarlier 1135 ; Vezelois, 1183 ; Champagney 1189 ; Randans 1268; Bomboillon 1591 ; Virey, Champagney et Nevy près de Dole, Varennes près de Gray, Lepuix et Chaux-les-Belfort.

Dépenses

Fabrique	5,993 livres
Maîtrise	716 —
Chapitre	1,070 —
Distributions manuelles	3,038 —
Total	10,817 livres
Déficit	1,089 livres

Après le décret du 27 mai 1790 qui préparait la confiscation des biens de l'Eglise, quand les commissaires du district en firent l'inventaire, ceux de notre Chapitre furent évalués comme il suit : meubles et vases sacrés, 314 marcs, 5 onces, 6 gros.

Revenu de capitaux placés	1,559 livres
— des maisons	4,481 —
— d'autres domaines	599 —
— ascencements	136 —
Total	6,775 livres

Les membres du conseil de Fabrique avaient demandé qu'on ne comprît point, dans l'inventaire, les objets strictement nécessaires à la paroisse qui comptait alors 16,000 âmes, savoir : les vases sacrés, la vigne et la maison du curé. Les seuls objets appartenant à la Fabrique semblent avoir été momentanément épargnés.

A la réunion des Etats de Franche-Comté (26 déc. 1788) le chanoine Millot, frère de l'abbé Millot de l'Académie française, représenta le Chapitre. Il prit parti pour le gouvernement

et le roi qui voulaient que les représentants
des communes fussent aussi nombreux que
ceux des premiers ordres. Le député expri-
mait ainsi l'opinion de ses collègues qui l'en
félicitèrent. Il attirait en même temps l'attention publique sur sa personne : après le
vote de la loi municipale, aux élections du
24 janvier 1790, le scrutin en fit un conseiller.
Plus tard, quand la municipalité dut prési-
der à la prestation du serment à la constitution civile du clergé, M. Millot le prêta sans
même y être obligé.

Cette concession, (non plus que bien d'autres) ne sauva rien, car, en 1791, quand les
chapitres furent supprimés, celui de Sainte-
Madeleine, comme celui de Saint-Hippolyte,
disparut sans la moindre résistance.

Le 10 janvier, des affiches et une procla-
mation à son de trompe, défendaient à toutes
les communautés séculières de faire aucun
acte religieux en corps, sous peine d'être
poursuivies extraordinairement comme ré-
fractaires et troublant l'ordre public. L'office
canonial cessa, sans protestation. C'était la
raison du plus fort.

Sur les vingt-quatre prêtres dont se composait le Chapitre, deux seulement prêtèrent
le serment constitutionnel ; les autres se re-
tirèrent avec le chantre M. de Romange, et
le curé M. Sirebon. Deux vicaires, devenus
assermentés, eurent le triste courage et
la prétention de remplacer le Chapitre et
de gouverner la paroisse. Plus tard, l'un

d'eux, nommé Paillard, donna tous les scandales.

Pièce justificative. — Parmi les nombreux documents qu'il serait facile et même intéressant de prendre dans le volumineux cartulaire de Sainte-Madeleine pour les ajouter à ce petit ouvrage, il a paru suffisant de citer la confirmation par le pape Calixte II, en 1120, des possessions et privilèges de notre église. Ce pape, né à Quingey, connaissait Besançon ; il indique, dans les moindres détails, les conditions matérielles dans lesquelles notre Chapitre a été fondé. Plusieurs souverains pontifes l'ont fait l'un avant, d'autres après lui, mais plus sommairement et à peu près dans les mêmes termes.

« Calixte, évêque, serviteur des serviteurs de Dieu, à ses chers fils les chanoines de l'église de Sainte-Madeleine de Besançon, à eux et à leurs successeurs à perpétuité. L'autorité de notre charge nous porte à nous occuper de la situation de toutes les églises et à confirmer ce qui y a été justement établi. C'est pourquoi, chers fils en Jésus-Christ, accédant volontiers à votre demande, à l'exemple de notre prédécesseur le pape Alexandre, de sainte mémoire, nous confirmons, à vous et à vos successeurs, ce qui a été accordé par Hugues de Salins, d'heureuse mémoire, archevêque de Besançon : franche et libre jouissance de votre cloître et des maisons y joignant dans la ville, le tout dans les conditions écrites par le dit archevêque. Nous confirmons de même toutes les possessions qui vous ont été accordées par notre même frère dans l'épiscopat, savoir : le meix du chapelain Armarius, avec le four et toutes ses dépendances ; le domaine de Chalèze, qui appartenait au fief du Cuisinier, avec toutes ses dépendances ; la rue qui est au chevet de votre église du côté de l'orient, entre le meix de Sibon et de Garnier et celui d'Oddon ; du côté de l'occident, la rue qui va de la porte de la ville à votre réfectoire ; du côté du midi, le terrain qui s'étend de la porte d'Arènes au dortoir des chanoines, tant la portion qui est bâtie que celle qui est en vignes ou en friche ; le bois appelé Faylet, situé près de la ville ; la paroisse de Chenecey, l'église de Saint-Germain de La Demie avec toutes ses dépendances ; de Saint-Léger de Virey avec toutes ses dépendances ; de Saint-Pierre de Marnay avec toutes ses dépendances ; de Saint-André de Chenevrey avec toutes ses dépendances ; de Saint-Paul de Courchapon avec toutes ses dépen-dances ; de Saint-Pierre de Boussières avec toutes ses dépendances ; de Saint-Germain de Haans avec toutes ses dépendances ; de Saint-Martin d'Azans avec toutes ses dépendances ; à Besançon, l'église de Saint-Jacques, sous les Arènes, avec toutes ses dépendances ; le meix de Pierre d'Osma ; le meix de Jean, chevalier, fils de Bisuntinus, près du puits du Din, à Chamars ; le meix du chanoine Albéric, avec le four ; le meix de Remy, sur le Doubs ; le meix de Constance, près du moulin ; dans la rue Battant, le meix donné par Adèle, femme de Théolfe, écuyer ; un autre meix donné par Hugues de Deluz ; à Chenecey, un meix donné par Orfrise de Roulans ; à Gonsans, un meix donné par Magnon, chevalier ; à Virey, un meix donné par Garin de la Roche ; à Sornay, un meix donné par Alède ; à Chenevrey, un meix donné par Aymon, chevalier ; à Burgille, près de Ruffey, un meix donné par le chanoine Etienne ; à Frasney, le domaine appelé Moncelot et un meix donné, avec un serf, par Ponce, chevalier ; à Valentin, le meix de Brunon donné par Gui, écuyer, avec ses dépendances ; en outre, nous voulons que tout ce que la même église possède légalement, etc... .

(La suite comme dans le texte.)

Moi, Calixte, évêque de l'Eglise universelle.

Donné à Gap, le V des Ides de mars, Indiction XIII, l'an MCXX de l'Incarnation de Notre-Seigneur, la IIe année du pontificat de Calixte II, pape.

CHAPITRE IV

Les églises de la Madeleine

I.

Tous les vieux catalogues et spécialement d'anciens titres qui étaient aux archives de la métropole et à la bibliothèque de Tours, font remonter jusqu'à saint Lin le premier sanctuaire de notre quartier. La similitude des noms a fait confondre quelquefois ce saint Lin qui fut notre second évêque (saint Ferréol étant le premier), avec le successeur de saint Pierre. Il est vrai qu'une tradition contestable et la légende ont fait de ce dernier notre premier apôtre et le fondateur de l'Eglise de Besançon. Cette prétention d'avoir eu pour évêques des disciples de Notre-Seigneur ou des apôtres est commune à beaucoup d'anciennes églises des Gaules. Elle paraît chez nous trop bien fondée pour être rejetée absolument. Pourquoi ne pas admettre que saint Lin de Rome, au moins dans une espèce de reconnaissance, aurait exploré les voies déjà fréquentées du Rhône, de la Saône et du Doubs, où se sont établis, cent ans plus tard, les nombreux apôtres qui ont évangélisé les rives de ces fleuves ? Quoi qu'il en soit, le saint Lin qui fonda notre église, vivait cent cinquante ans après la mort du second pape.

Chifflet, Dunod et d'autres historiens rapportent, sur la foi de la tradition et de notre plus ancien rituel, que saint Lin avait une crypte au bord de la rivière, dans l'emplacement où s'éleva plus tard l'église de Sainte-Madeleine. Un tribun lui donna une maison où il fit un baptistère qui a porté son nom, tant qu'il a subsisté. C'était au troisième siècle et ce fut bien, *dans l'intérieur de la ville*, le premier sanctuaire chrétien. Ce souvenir est consigné en ces termes au rituel de saint Prothade. « Le onzième jour avant les calendes d'août, est la fête de sainte Marie-Madeleine à qui Lin, notre évêque, bâtit une église propre. » On a objecté qu'en ces temps la coutume n'existait pas encore de mettre les églises sous le patronage des saints. Qu'importe ? L'oratoire existait, avec ou sans patron, dès la première moitié du troisième siècle ; le titre n'est pas ce qui nous intéresse.

II.

Les historiens sont mieux instruits de ce qui concerne notre seconde église qui fut bâtie, au cinquième siècle, par l'évêque Léonce (414-443). Elle était près du pont, sur l'emplacement où l'on a vu, jusqu'en ces derniers temps, les halles de Battant. Elle était dédiée à Saint Laurent et desservie par une communauté de clercs; elle resta paroissiale jusqu'à la construction de l'église de la Madeleine, au onzième siècle. Un almanach de 1752 nous dit qu'elle fut dévastée par les Sarrasins et par les Hongrois ; elle partagea simplement le sort de la ville dans trois invasions. Les musulmans ravagèrent, en effet, le Comté de Bourgogne et spécialement la partie basse de Besançon, avant et après la bataille de Poitiers, en 725 et en 732. Deux siècles plus tard, en 937, la ville entière, jusqu'à Saint-Etienne, c'est-à-dire à la montagne où est la citadelle, fut brûlée par les Hongrois. Ce n'est qu'après cette invasion que les églises, comme la plupart des autres édifices, se relevèrent. Celle de Saint-Laurent fut achevée par Hugues Ier qu'on a justement appelé le reconstructeur de Besançon au onzième siècle. L'église de Saint-Laurent tomba aux mains de laïcs qui la revendiquaient comme un héritage ; le pape intervint et, par un bref daté du 24 septembre 1228, en ordonna la restitution à l'archevêque Nicolas de Flavigny. Peu après, dans la nuit qui suivit Noël, le 26 décembre 1239, un incendie détruisait tout l'édifice. L'almanach cité plus haut nous apprend qu'en son année 1752, il n'en restait qu'un mur mitoyen entre deux maisons A côté, on voyait des ruines où les arbres avaient poussé, et qu'on désignait par le nom de Saint-Laurent *des bois* ou *dans les bois*, (*in silvis*). Elles ont disparu sous les vieilles halles qui ont, elles-mêmes, fait place au vaste immeuble élevé à l'angle du nouveau quai.

Après l'incendie de Saint-Laurent, ses chanoines disparurent peu à peu. Il ne resta que ceux de notre seconde église.

III.

En même temps qu'il restaurait l'église de Saint-Laurent, Hugues Ier élevait celle de Sainte-Madeleine (1031-1067). Il en est félicité par le bienheureux Pierre Damien, cardinal, évêque d'Ostie, après une visite que celui-ci lui avait faite en 1062. Comme le bienheureux confond dans une même phrase, les deux chapitres et les deux églises, (*duas canonicas uno simul et eodem tempore construis unam scilicet cum ecclesia sanctæ Mariæ Magdalenæ, alteram vero cum ecclesia santi Laurentii*), Chifflet (1) conclut que ces deux églises sont aussi anciennes l'une que l'autre. Que si l'on oppose à cette opinion d'autres documents contemporains (2) où il est dit que notre église a été construite (*constitutam*) par Hugues Ier, il répond que celui-ci a simplement *dédié* l'église à Sainte-Madeleine. Quoi qu'il en soit, construit ou

(1) *Vesuntio* p. 213. C'est aussi l'opinion de l'abbé Fleury, du clergé de la Madeleine.
(2) D'Alexandre II en 1073.

CLOCHER ROMAN DE SAINTE-MADELEINE

DÉTRUIT EN 1734

réédifié, l'édifice était bâti en 1048, et l'ami de notre archevêque, le pape Léon IX, pendant son séjour à Besançon, le consacra en même temps que l'église de Saint-Etienne (1).

Hugues Ier mourut en 1066: son corps fut inhumé à Saint-Paul et son cœur déposé à Sainte-Madeleine.

En 1092, son deuxième successeur, Hugues III, travaillait à l'ornementation du monument et lui donnait trois autels.

M. Gauthier, notre savant archiviste, a publié dans les *Mémoires de la Société d'émulation du Doubs*, une étude sur l'ancienne église de la Madeleine, en voici le résumé :

Les matériaux de cet édifice sont sortis des arènes. Le douzième siècle l'acheva en le modifiant quelque peu pour l'orienter et mettre l'entrée principale au couchant. La tour, dont le dessin est ci-joint, était surmontée d'une flèche aiguë et octogonale. Le clocher fut tout ce qui resta de l'église, après l'incendie du 12 septembre 1221, qui détruisit tout le quartier voisin de ce côté du pont.

Le Chapitre, aidé par les archevêques et les paroissiens, refit un nouveau vaisseau plus beau que l'ancien et de style gothique. Le plan comprenait trois nefs flanquées de chapelles. L'église avait 48 mètres de long, 32 de large, 16 à 18 de haut sous clef. L'œuvre était achevée en 1370, car, le 3 octobre, l'église était consacrée. L'acte de cette

(1) *Histoire des sires de Salins*, t. I, p. 17.

consécration existe aux archives du Doubs, et l'anniversaire en fut célébré chaque année, le dimanche suivant la fête de saint Luc.

Cet édifice resta debout jusqu'au milieu du dix-septième siècle; les voûtes de cinq travées, en partant de la façade, s'effondrèrent et ne furent point relevées. Cet état de ruine s'aggravant, amena la destruction complète du monument en 1734, et rendit nécessaire la construction de l'église actuelle.

Tout avait disparu, même le clocher, et, ce qu'il faut surtout regretter, le portail latéral avec les statues qui le décoraient. Voici comme en parle Dunod qui l'avait vu. Dans l'église fondée par Hugues-le-Grand et abandonnée en 1734 « il y avoit deux choses remarquables : la première, que les chanoines avoient un chœur vaste, séparé de celui du peuple et bâti au fond de la nef, sur une voûte soutenue par des piliers; la seconde, que la principale entrée étoit au côté par un vestibule orné de petits bas-reliefs et de statues de grandeur naturelle, au nombre de quatorze, sept de chaque côté, qui représentoient la Synagogue et l'Eglise. On trouvoit à droite en entrant, les statues de Melchisédech, d'Elie, de saint Jean-Baptiste, de la Synagogue sous la figure d'une femme, de Moïse, d'Isaïe et du roi David; et en sortant, celles de saint Pierre, de saint Jean, de saint Paul, de l'Eglise sous la figure d'une femme, de saint André, de saint Jacques le Mineur et de saint Thomas. L'on connoît ces statues par les symboles qu'elles tiennent à la main, et il m'a paru qu'il y en avoit quelques-unes qui représentoient au naturel des personnes vivantes au temps que l'église fut bâtie et qui étoient mortes depuis peu ; ce qui étoit assez ordinaire dans les portails des anciennes églises. » (1). Après ce texte, M. Gauthier réfute l'opinion de Dunod qui, supposant les statues contemporaines d'Hugues I⁰ʳ, pense y reconnaître les portraits d'autant de personnages de la même époque. Le Melchisédech, en particulier, aurait reproduit les traits du grand archevêque. Il n'a jamais eu cette prétention.

Qu'on se représente, ouvert par un arc en plein cintre, haut de huit mètres environ, un vestibule rectangulaire, large de 8 m. 64, profond de 4 m. 71, voûté par le croisement de deux arcs en ogive ; au fond, une grande porte cintrée que partage un trumeau. Sur le trumeau, s'appuie l'ange du jugement, tenant une épée et foulant aux pieds le serpent. Le portail est percé dans le mur collatéral droit de l'église, qui a, sur ce point, deux mètres d'épaisseur. Entre autres ornements, quatorze colonnes le décorent, contre lesquelles des culs-de-lampe supportent quatorze images de pierre de grandeur naturelle. « La rangée de droite, en pénétrant dans le porche, en contient sept : Melchisédec, en costume de grand-prêtre, tenant le pain et le vin ; Elie

(1) *Histoire de l'église, ville et diocèse de Besançon*, t. I, p. 106. (2

montrant les deux roues du char de feu qui l'emporta dans les airs ; saint Jean-Baptiste, tenant l'agneau ; la Synagogue, une femme couronnée qui porte le temple de Salomon ; Moïse, la tête cornue, portant les tables de la Loi ; puis un apôtre, saint Simon, caractérisé par une croix ; enfin David, coiffé d'une couronne. La rangée symétrique de gauche débute par saint Jacques le Mineur, brandissant une massue ; puis viennent saint Jacques le Majeur, avec son bourdon de pèlerin ; saint André, avec sa croix en diagonale ; l'Eglise triomphante, couronnée, élevant une croix victorieuse et serrant contre sa poitrine une cathédrale ; saint Paul, avec son épée ; saint Jean l'évangéliste, avec un calice ; saint Pierre enfin, reconnaissable à la croix renversée qui rappelle son martyre. Autant que nous en pouvons juger par le dessin à la plume que nous a légué l'abbé Fleury, le judicieux, mais trop laconique historien de sainte Madeleine, toutes ces figures de stature humaine avaient une majesté d'attitude et une ampleur de style qui leur donnaient un grand caractère. » (1)

Les débris du vieux porche ont disparu dans les fondations de l'église neuve, en 1737, trois bustes seulement ont été sauvés et, après diverses pérégrinations, ont trouvé place, Moïse et Elie, au musée archéologique, Melchisédech, à l'église de la Madeleine. Sur

____

(1) *L'ancienne collégiale de Sainte-Madeleine*, par J. Gauthier, **page 9.**

la foi de Dunod, une inscription récente continue à donner celui-ci comme l'effigie d'Hugues Ier.

Reste une dernière question : que contenait le tympan de notre portail, au-dessus de l'ange du jugement? L'image du Christ et la Madeleine à ses pieds, tels que les représente le sceau du Chapitre. M. Gauthier en a trouvé la preuve dans un manuscrit de Chifflet et une délibération municipale du 26 mai 1596. Après le coup de main tenté contre Besançon par les protestants, un corps de garde fut enfermé sous le portail latéral de la Madeleine, d'où il pouvait surveiller les abords du pont (1575-1592). Les soldats avaient enfumé ce réduit et on s'en plaignit en quatre distiques, adressés au nom de sainte Madeleine, à la municipalité. En voici la traduction : « O Besançon, je te suis reconnaissante du culte dont tu entoures mes monuments, mon église et ma statue ; mais je le serais davantage encore si tu partageais les sentiments de celle qui brûle d'amour pour toi. Je suis honteuse de voir la blanche figure, de Celui dont mes larmes ont lavé les pieds, barbouillée de suie, que dis-je barbouillée?..... L'image sacrée du Sauveur est devenue, par ta faute, plus noire que le péché ou que la poix elle-même. » (1)

(1) S. Magdalena ad Vesontios.
Quod nostra monimenta colas, Vesontio, templum
Et statuam, gratum sit pietatis opus :
Gratius at longe nostro si more flagraret
Meminis incenso pectus amore tibi.

Des bulles de plusieurs papes : d'Eugène IV en 1443, de Nicolas V en 1448 et de Sixte IV en 1479, ont accordé ou reconnu à notre collégiale le titre d'*insigne*. On trouve aux registres du Parlement (16 janvier 1734) au moment de la chute de l'édifice, une longue dissertation sur cette qualification d'*insigne*. On y prouve qu'elle est attachée à l'*église* et au *lieu*, non aux *personnes*. Il s'en suivrait qu'elle a survécu à l'ancien monument et au Chapitre lui-même et qu'elle est, de droit, transmise à l'église actuelle. La chute de la précédente avait été hâtée par les pluies continuelles de l'été 1734. Néanmoins, certains offices y étaient encore célébrés ; d'autres se faisaient aux Carmes de Battant. On essaya même, en 1736, de prolonger cet état de choses par quelques réparations ; l'année suivante, le vieil édifice était abandonné. Il comptait sept siècles d'existence ; cinq, depuis son achèvement, après les reconstructions qui suivirent l'incendie de 1221.

IV.

L'église actuelle. — Le 2 mai 1736, M. Gallet, curé de Sainte-Madeleine, réunissait chez lui les notables de la paroisse pour

---

  *   Item cui nos lachrymis vel plantas lavimus
      Os niveum fumo commaculasse pudet
  Quid maculasse loquor ? Sacra servatoris imago
      Atrior est vitio vel pice facta tuo.

L'Ancienne collégiale de Sainte-Madeleine, par J. Gauthier. p. 12.

leur proposer la reconstruction de l'église. Le Chapitre, avec ses 9.000 livres de revenus, ne pouvait se charger d'une pareille entreprise ; il fut convenu qu'on solliciterait d'abord des souscriptions ; mais, comme le futur édifice resterait toujours une charge, l'emploi des sommes reçues ne pourrait jamais constituer un acte de propriété. La paroisse contribuerait simplement à bâtir sur le terrain du Chapitre. A cette convention, communiquée aux paroissiens en assemblée générale, on ajouta qu'un *conseil ou bureau de direction serait constitué pour tenir état* des fonds et de leur emploi. Ce conseil, composé de vingt-deux membres y compris le curé et deux chanoines, se réunirait tous les quinze jours. Pour les choses importantes, il pourrait s'adjoindre vingt autres conseillers. Un traité passé avec les PP. Cordeliers, accordait l'usage de leur église pour les offices du Chapitre et de la paroisse.

L'évangile conseille de *compter* avant de *bâtir* ; la dépense prévue par l'achat du terrain et la construction fut évaluée à 500.000 livres ; comme toujours, en pareil cas, l'imprévu devait doubler la somme.

Pendant trois ans, quelques souscriptions furent offertes, mais si manifestement insuffisantes, que des délégués du bureau furent désignés pour les solliciter à domicile. Le résultat ne fut pas encourageant et le conseil suspendit ses séances.

Six ans s'écoulèrent, sans qu'on pût rien entreprendre. Une offre généreuse vint heureusement réveiller les courages. M^mo Charlotte Chevaney des Daniel, baronne de Montaigu, épouse de messire Etienne-Joseph de Montgenet, conseiller au Parlement de Besançon, offrit 100.000 livres, pour commencer les travaux. Dans l'acte de donation passé plus tard, le 13 septembre 1746, il est dit que 30.000 livres ont été prélevées pour l'achat de la plus grande partie des maisons nécessaires à l'emplacement de l'église. Le Chapitre promit 24.000 livres, qu'il emprunta, et la ville 30.000 pour aider à la construction de la tour et de l'horloge.

Divers plans avaient été présentés; on préféra celui de l'architecte bisontin Nicole, élève de Jacques-François Blondel, qui venait de se signaler par la construction de la chapelle du Refuge (1739-1745).

Nicole était né à Besançon en 1701 ; il est mort en 1784. Son œuvre est d'un grand art ; ses lettres sont d'une orthographe à laquelle les transformations actuellement projetées, nous ramèneront peut-être. Dans un mémoire daté de 1762, il ne demande « aucune *vaquations et autres* pour honoraires de tous les ouvrages que l'on a *fait* et que l'on fera à l'église pendant le cours de cette *quanpagnes*, à moins que ce ne soit les messieurs du Chapitre ou du bureau qui *face* travailler. » Pour donner une idée plus exacte de son plan, l'architecte en avait fait, en raccourci, une repro-

duction en bois. On en *conjecturait que
l'église serait belle et solide entre toutes celles
de l'Europe.* Ce petit travail, digne d'être
conservé, a été détruit, après être resté pendant près d'un siècle dans les combles de
l'église.

La place avait été préparée, au moins pour
commencer la construction. Le lundi, 10 janvier 1746, après une messe du Saint Esprit,
on *commençait les premiers ouvrages.* En
trois semaines, une grande partie des décombres avait disparu, et le clocher, ayant
perdu tout point d'appui, menaçait de s'écrou-
ler *jusqu'au tiers des murs ou environ.* La
crainte de cet accident justifie la démolition
et nous empêche de regretter un monument
qui ferait encore honneur à notre ville. Au
mois d'avril, toute la place était nette; enfin,
le 26 mai, la première pierre était solennellement bénite. Elle est placée à l'angle de la
tour, du côté de la rue d'Arènes, et porte
l'inscription suivante :

D. O. M.
Virgini Deiparœ
Templi
Divœ Mariœ Magdalenes reœdificandi
Insignis capituli ære
Carolinæ Chevanney-des-Daniel
Dominœ a Montaigu,
Uxoris J. Demongenet senatoris Bisuntini
Munificentiâ
Pia Parochianorum liberalitate,
Primum hunc lapidem

Consecravit, posuit
Ant. Petrus de Grammont
Archiep. Bisunt.
Regnante Ludovico XV
Camillo de Tallard prorege
Guidone de Randans præfecto
Joanne Nicolao de Serilly prætore
VII cal Junii MDCCXLVI

Cette première pierre du temple à relever en l'honneur de Dieu tout-puissant et très grand, de la Vierge mère et de sainte Marie-Madeleine, aux frais de l'insigne Chapitre, par la munificence de Caroline Chevanney des Daniel, dame de Montaigu, épouse de J. Demongenet, conseiller au Parlement de Besançon, et par la pieuse libéralité des paroissiens, a été bénite et posée par Antoine-Pierre de Grammont, archevêque de Besançon. Louis XV régnant, Camille de Tallard, lieutenant-général, Guy de Randans, gouverneur, Jean-Nicolas de Sérilly, intendant, le VII des calendes de juin 1746.

Au milieu de l'été, les fondations, du côté de la rue d'Arènes, étaient hors de terre. On fut un instant arrêté par une difficulté qui se rencontre toujours quand elle n'a pas été levée d'avance : cinq propriétaires de maisons qui n'avaient pas été achetées avec les autres, en exigeaient un prix qu'on ne pouvait donner. Le plus récalcitrant fut l'hôpital du Saint Esprit, qui ne céda que devant une ordonnance royale et finit par accepter une expertise. On ne voit pas qu'elle ait abouti à une expropriation ou à un arrangement, en sorte que, si notre église a des nefs incomplètes et son chevet si désagréablement coupé, on le doit à la cupidité de ses voisins.

Pendant l'hiver (1746-1747) une carrière fut ouverte dans une vigne de Sainte-Colombe pour en tirer la pierre à bâtir. Ceci n'explique-t-il pas les dégâts que les hivers ont causés, en un siècle et demi? Cette pierre est dure, mais elle gèle ; on en aurait trouvé d'excellente à la Malcombe ou à Chailluz.

En 1752, la tour de gauche était assez élevée pour qu'on y plaçât une horloge neuve, aux frais de messieurs du magistrat.

L'année suivante, on attribuait aux saints Ferréol et Ferjeux la chapelle qui est à droite du transept, celle de gauche à saint Vernier. La première devait aussi servir aux réunions de la confrérie des cordonniers qui avaient promis l'autel et le retable. L'argent manqua sans doute, car ce travail n'est qu'une imitation en bois de l'autre chapelle, et l'autel ne fut fait qu'en 1825.

Cependant, les ressources étaient épuisées et le devis approximatif de l'achèvement des travaux s'élevait à 192.000 livres. Après plusieurs délibérations dans les assemblées particulières ou paroissiales, on eut le courage de demander cette somme à l'impôt ; on promit seize annuités de 12.000 livres. Les paroissiens de l'intérieur des murs en devaient payer 8.000, et ceux du dehors 4000. Ces chiffres indiquent clairement que le tiers au moins de la population habitait la banlieue. Une plaque commémorative, placée au-dessus de la première pierre, rappellerait en ces termes cet héroïque sacrifice :

Verum cum septimo circiter anno
Ab instauratione templi
Nulla amplius via capitulo superesset
Quâ inceptum opus absolveret
Parochiani, ut summi in Deum Amoris
In sanctam Mariam Magdalenam pietatis
Et in religionem firmæ adhæsionis
Insigne posteris exemplum reliquerent
Ad præfatam templi reædificationem
In tributum et censum annuum
Duodecim millia librarum
Per sexdecim annos valiturum
Et summam centum nonaginta duo millia
[librarum
In totum præstiturum
Sponte et ultro consenserunt
In comitiis generalibus parochiæ
Authoritate regia habitis
IV Cal Janu MDCCLII

« Mais, comme la septième année, environ, depuis la reconstruction de ce temple, aucun moyen ne restait plus au Chapitre d'achever l'œuvre commencée, les paroissiens, pour laisser à la postérité la preuve éclatante de leur très grand amour de Dieu, de leur piété envers sainte Marie-Madeleine et de leur attachement à la religion, dans des assemblées générales de la paroisse réunies avec l'autorisation royale le 4 des calendes de janvier 1752, consentirent spontanément et librement, afin d'achever la reconstruction de l'église, un impôt et contribution annuels de 12.000 livres, devant donner, en seize ans, une somme de 192.000 livres. » Cette convention fut approuvée par arrêt du conseil d'Etat du roi, à Versailles, le 16 janvier 1753.

Le Chapitre, avec plus de zèle que de prudence, escompta d'avance ces ressources et emprunta 94.100 livres dont il pensait payer l'intérêt et l'amortissement avec le nouvel impôt. Mieux avisé et aussi généreux, le curé, M. Frère de Villefrancon, abandonnait une pension de 500 livres que le roi lui avait donnée sur l'abbaye de Cherlieu. C'était, disait-il, à *la décharge de ses paroissiens, vignerons, artisans ou autres qui auraient peine à payer l'imposition.*

Le bon curé avait trop bien prévu. Les gelées et la grêle ruinèrent les vignerons ; la guerre de sept ans (1756-1762) désolait la France entière ; l'impôt se recouvrait difficilement ; le nombre des locataires, non compris les ménages d'indigents, descendit de 1174 à 618 en moins de dix années. Ils émigraient à la campagne. Un manuscrit du Séminaire, où sont ces renseignements, donne le tableau suivant des premières annuités. On perçut

En 1753	10.125 livres
1754	5.476
1755	6.272
1756	6.897
1757	3.545
1558	3.661
Total	35.976

En face de ce résultat, on suspendit la distribution des billets et on renonça à faire le recouvrement.

Au moment où l'imposition fut établie, la maçonnerie était achevée, mais l'absence de couverture la laissait exposée aux rigueurs des hivers. Vainement on essaya, pour continuer les travaux, d'obtenir à Paris, sur la feuille des bénéfices, une somme de 60.000 livres, qui serait demandée aux abbayes vacantes de Franche-Comté. On fut un peu plus heureux en sollicitant l'autorisation d'émettre *50.000 billets de loterie à 20 sols chacun;* car, si le conseil du roi l'interdit, il avança à la paroisse 30.000 livres, sur la caisse des tabacs. On n'en voit pas le remboursement, et les emprunts se succédaient sans interruption : 3.000 livres en 1752 pour la tour du côté de la rue d'Arènes ; 50.000 l'année suivante, pour suppléer à l'insuffisance de l'impôt ; enfin, 42.000 en 1760. Mme de Mongenet versa 16,500 livres qui devaient payer les intérêts, jusqu'au remboursement, de ce dernier emprunt.

En 1761, l'église était couverte ; l'année suivante, on faisait les voûtes, grâce à la généreuse intervention du cardinal de Choiseul et de l'intendant de Lacoré, et une première messe y était célébrée le 22 juillet, jour de la fête de notre sainte patronne. Pendant tout le temps que les offices se faisaient aux Cordeliers, le Saint-Sacrement avait été conservé dans une chapelle du cloître, puis dans une autre, improvisée pour cet usage. Il fut solennellement apporté dans l'église, ce 22 juillet, en passant par les rues de l'Ecole, Thiémanté et Arènes, et reporté par le même chemin.

L'autel, une fois dressé, resta debout et servit pour les funérailles. Les morts étaient enterrés dans la crypte encore mal fermée, et leurs fosses, trop peu profondes, répandaient dans la rue une odeur aussi désagréable que dangereuse. Cet état de choses dura jusqu'à la loi de 1792 qui transportait les inhumations au cimetière communal. En 1763, les voûtes étaient achevées, et une personne charitable faisait seule les frais de la coupole. Après deux ans, on songeait à l'ornementation : les stalles du chœur étaient placées, et un peintre italien, nommé Caldelly, de passage à Besançon, décorait les murs contre lesquels elles sont appuyées. Vers le même temps, on faisait les boiseries qui meublent le vestiaire (1) et qu'on voit encore dans la première sacristie. Enfin, le 22 juillet 1766, le superbe monument était bénit et livré au culte ; le portail et le pavé restaient seuls inachevés. (2) En 1789, la confrérie des vignerons faisait construire en marbre la chapelle de Saint-Vernier son patron, et, dans le même temps, une personne riche et

(1) Le chanoine Cabet acheva de les payer en 1790.
(2) Le Saint-Sacrement fut apporté à l'église ; après tierce et pour la messe canoniale. Le cérémonial fut le même qu'à la Fête-Dieu et tout le clergé de la ville avait été convoqué. L'exposition dura jusqu'au soir et se termina par la bénédiction. Le surlendemain un service funèbre fut célébré pour Mme Demongenet.

généreuse payait l'autel et le retable de la sainte Vierge.

L'ancien cloître avait disparu; mais la paroisse s'était réservé le droit de bâtir, contre l'église, une chapelle et des salles de catéchisme. Les plans en avaient été soumis à l'approbation royale; l'alignement de la rue avait même été fixé par le magistrat. Néanmoins, quand on voulut bâtir, en 1767, le procureur général fit opposition, et, comme la Grand-Chambre lui donnait tort, il se pourvut en cassation, au conseil de Sa Majesté. Devant l'intervention du parlement, il finit par se désister de son opposition. L'alignement fut fait de l'autre côté, *dans des maisons caduques* et de peu de valeur, en sorte que *la rue eut une largeur de 24 pieds, suffisante pour la manœuvre de deux voitures à grandes roues, et l'aisance pour les gens de pied ou à cheval.*

La construction de la chapelle des conférences s'ajouta, comme une dernière charge, aux dettes contractées pour l'église. Pendant vingt-trois ans (1767-1790) le Chapitre et la paroisse rivalisèrent d'efforts pour les payer et ils ont réussi. La fameuse souscription de 12.000 livres s'est transformée en un impôt de 4 0/0 sur les maisons, et on en tira tant bien que mal 8.000 livres par an. La charité fit le reste. Le Chapitre avait remboursé 100,100 livres; la paroisse 23,710 livres 8 sols 4 deniers.

La Révolution survint. L'église de la Madeleine fut pillée comme toutes les autres, au nom de la loi. Voici la liste des principaux objets qui ont disparu.

Toutes ses cloches, excepté une dont l'autorité civile se réservait l'usage. Il y en avait huit pesant ensemble 19,000 livres.

Six candélabres et quatre statues d'argent du maître-autel.

Une croix de procession en vermeil avec une relique de la vraie croix.

Douze calices.

Un ostensoir.

Plusieurs ciboires, des burettes et divers objets d'argent.

Des stalles du chœur, la chaire, les confessionnaux, le buffet de l'orgue, huit statues d'apôtres et les petits autels furent vendus à un boulanger de Charmont qui en chauffa son four.

Au dehors, le marteau des nouveaux barbares brisa les armes du Chapitre gravées au-dessus de la porte principale et des bas-reliefs richement sculptés qui rappelaient, au-dessus des petites portes, certains traits de la vie de sainte Madeleine.

Ainsi ruinée et mutilée, notre église devint un magasin à fourrage et c'est pour cela, sans doute, qu'elle n'a pas subi de plus graves déprédations. Rendue au culte constitutionnel ensuite du décret du 21 février 1795 et à l'administration de M. Tuaillon, elle resta dans son délabrement. M. Demandre, après le concordat, la fit bénéficier du crédit que son passé politique et religieux lui conservait auprès du pouvoir civil. Il recouvra, parmi les objets échappés au désastre :

La chaire de Saint-Paul.

La croix et les chandeliers du maître-autel des Minimes.

Des stalles du Refuge. (1)

Enfin plusieurs anciens tableaux ayant appartenu à la Madeleine.

Il retrouva en outre beaucoup d'ornements parmi lesquels il faut signaler ceux de soie brochée qui servaient au Chapitre, et qui restent ce qu'on peut voir de mieux dans leur genre.

Une souscription donna une seconde cloche. Il n'en restait qu'une, les autres ayant été fondues à la Mouillère en 1791.

M. Vieille acheva le portail et les tours, mais il ne put faire exécuter, contre l'avis du conseil des bâtiments, le plan complet de Nicole. Ce plan comportait deux ordres d'architecture plus conformes aux règles de l'art; des figures colossales sur le fronton ; des dômes avec lanternes élancées au sommet des tours.

Les travaux, tels que nous les voyons, furent adjugés, le 20 mai 1828, pour 108,700 fr. et achevés au printemps de 1830. M. Vieille avait des promesses de la ville, du département et de l'Etat; il ne reçut pas autre chose: la Révolution les avait emportées. Les pa-

(1) Ce ne doit pas être les stalles actuelles qui paraissent trop bien faites pour l'emplacement qu'elles occupent.

roissiens seuls lui vinrent en aide : les riches,
de leur bourse ; les pauvres de leurs bras ; il
lui resta 56,000 francs de dettes qu'il sut pré-
lever, à la longue, en contributions volontaires, sur la charité publique.

Cependant, on n'oubliait ni l'ornementation
ni l'ameublement. Le maître-autel est de 1834
et le jeune archevêque, Mgr Mathieu, vint le
bénir le dimanche de la Passion, en 1835. On
doit encore à M. Vieille le blanchiment des
voûtes, les peintures de la coupole, les
groupes de la Passion moulés par Clésinger
et qui ornent toutes les chapelles ; la troisième cloche, le pavé du chœur. Enfin il commença, pour 18,000 francs, les orgues qui ont
été continuées en 1869. Une dizaine de mille
francs sont encore indispensables pour les
achever et les mettre aux premiers rangs,
parmi toutes celles de la province.

L'église de la Madeleine a été consacrée le
dimanche 22 juillet 1866, par le cardinal
Mathieu, archevêque de Besançon. C'était
cent ans après qu'une première bénédiction
en avait ouvert les portes.

« D'ordonnance classique, à deux ordres
d'architecture superposés (dorique et ionique) la façade de l'église de sainte Madeleine
a un avant-corps terminé par un fronton
triangulaire qui correspond à la grande nef ;
les parties adjacentes, ou arrière-corps, font
suite aux nefs latérales. Le tout, encadré par
la masse des deux clochers, n'apparaît dans
sa juste valeur qu'aux premiers rayons du

soleil qui mettent en lumière les parties saillantes soulignées de leurs ombres.

« Si la façade principale gagne à être vue à certains moments, l'aspect intérieur du monument est toujours saisissant, plein de grandeur et de grâce. L'ensemble des trois nefs, avec leurs voûtes élevées à des hauteurs presque égales, ayant, à droite et à gauche, des chapelles prises entre les contreforts de l'église, forme un vaisseau aux vastes proportions, où la vue peut, sans obstacle, se porter aux extrêmes limites de l'édifice.

« Huit groupes de colonnes d'ordre ionique, aux fûts renflés, accouplées entre elles dans la nef, et à des pilastres à la croisée du transept, supportent un entablement, aux lignes simples et puissantes, qui reçoit la retombée des voûtes. Celles-ci, en avant du chœur, se soulèvent et forment une coupole prise dans la hauteur des combles. Dans chaque travée, une grande rosace, inscrite entre l'entablement et la voûte, avec les hautes fenêtres du transept, celles des chapelles latérales et les œils de bœuf de la coupole, donne la lumière à l'intérieur du monument.

« La tribune de l'orgue est un chef-d'œuvre d'appareil de pierre qui appelle et retient l'attention des gens du métier.

« L'église de la Madeleine, conçue et étudiée dans les meilleures données de notre architecture française du dix-huitième siècle, fait le plus grand honneur à l'architecte Nicole, et doit être considérée comme l'un des plus beaux monuments de notre vieille cité. » (1)

L'ornementation de notre église, au moins dans les derniers temps, n'en fait malheureusement pas un musée. Le commerce et l'industrie y ont beaucoup plus apporté que les arts : on a coulé, fondu, moulé, on n'a pas peint, sculpté ni même forgé ; le plâtre et surtout la fonte en ont fait tous les ornements ; on avait mieux travaillé dans le passé.

M. Castan (2) estime, qu'une visite dans les chapelles de Sainte-Madeleine, suffirait à donner une idée de ce qu'était la peinture à Besançon durant les avant-derniers siècles, et il signale, en premier lieu, *la vierge aux saints* de Rately. Claude Rately était de Besançon, fils et petit fils de peintres ; les annales des Capucins du Comté de Bourgogne le donnent comme *un autre Apelles dans son siècle.* Il termina sa vie sous le nom de Prothade, frère lai du couvent des capucins de Salins en 1653.

Ce tableau porte, avec le nom de son auteur, la date de 1636 ; il mesure 2^{m}05 de haut sur 1.^{m}56 de large. Il a été commandé par Jean-Baptiste Clerc, légué à l'église des Cordeliers et placé dans une chapelle qu'y possédait sa famille. Voici la description qu'en fait M. Castan : « La vierge, assise sur une estrade, a l'Enfant-Jésus debout auprès d'elle sur un piédestal et semble lui expliquer un

(1) M. l'architecte Simonin.
(2) Société d'Emulation, t. III, p. 461.

passage des divines Ecritures, tandis que deux anges lui offrent des fruits. A gauche, au premier plan, saint Jean-Baptiste debout, vêtu d'un manteau jaune, tient une croix dont la banderole porte les mots : *Ecce agnus Dei ;* à ses pieds, est un agneau embrassé par un ange. A droite, saint Bonaventure, vêtu d'une chape brune de franciscain, avec un chapeau rouge de cardinal attaché à son cou et couvrant ses épaules, pose la main gauche sur un livre ouvert à l'un des angles de l'estrade où est la Vierge, en même temps qu'il désigne, avec l'autre main, le groupe céleste. Saint Charles Borromée, en costume de cardinal, est à genoux, les deux mains abaissées et étendues pour implorer Jésus et sa Mère ; derrière lui, un ange debout tient sa croix archiépiscopale. Dans le fond d'architecture du tableau, une fenêtre ouverte laisse voir une perspective sur la campagne. La Vierge et l'Enfant ressortent sur une draperie dont le sommet se confond avec des nuages où sont quelques têtes d'anges. »

Signalons encore, comme n'étant pas sans mérite : Le martyre de saint Vernier par Jourdain père, professeur à l'école de dessin (1788).

La Madeleine aux pieds de Jésus-Christ, par Mlle Pourcheresse, d'après Philippe de Champagne.

L'Assomption qui, suivant M. Weiss, suffirait à immortaliser Chazerand.

Saint Claude ressuscitant un enfant, par Pierre Dullin, 1739.

Sainte Philomène, par M. Lancrenon, 1841.

Une *Sainte Famille* de Jean-Erasme Quellin, signée *Quellinus Junior, Anno* 1672.

La légende des *saints Crépin et Crépinien*, signée Guérin, 1657.

Le Christ en croix est une peinture fort ancienne, sur bois, que l'on attribue à l'un des Porbus.

Il faut déplorer la perte d'un tableau des saints Ferréol et Ferjeux, œuvre d'un grand maître, et dont nous n'avons que la copie. Il a été cédé à Velotte parce qu'il n'avait pas les dimensions du retable de l'autel qu'il devait orner. (1)

Les fonts baptismaux, en pierre sculptée, méritent aussi l'attention du visiteur. Ils nous viennent de l'ancienne église.

Malgré les beautés de l'ensemble et des détails, on remarque d'abord, sur le seuil de la Madeleine, ses grandes proportions. Elle a 66 mètres de long et 33^{m}50 de large, ce qui donne une superficie de 2.200 mètres carrés. Les voûtes ont 19 mètres de hauteur, en dessous de la coupole. Le constructeur du calorifère a estimé à 29.000, le nombre des mètres cubes d'air à chauffer et n'a pas pensé pouvoir les amener à une haute température avec moins de quatre fourneaux.

(1) L'auteur du regrettable échange est un paroissien plus homme de bien que de goût, M. Duchaillut, qui paya la copie du tableau et l'autel des saints Ferréol et Ferjeux. (1825)

CHAPITRE V

I.

La paroisse. Son périmètre. Ses rues et ses places

La paroisse. — Il est dit plus haut, que le trésorier de l'église métropolitaine était, de droit, doyen du Chapitre de Sainte-Madeleine et y avait une prébende. Une bulle de Calixte II, en date du 15 février 1122, confirme cet état de choses et nous apprend que la paroisse comprenait alors la moitié de la ville (*mediam partem civium bisuntinorum*). Le premier doyen ainsi nommé et qui nous reste connu est Thierri, qui vivait en 1083, seize ans après Hugues Ier; il est donc plus que vraisemblable que le pape n'a fait que ratifier ce qui avait été établi par le fondateur de notre église.

Comme la bulle, suivant les expressions de l'époque, *donne au trésorier de Saint-Jean l'église de Sainte-Madeleine,* c'est-à-dire ses revenus, on a conclu qu'il était non seulement doyen du Chapitre, mais curé de la paroisse. En réalité, il en avait le titre et les pouvoirs, mais il n'en a jamais exercé les fonctions pour lesquelles il déléguait un vicaire amovible. Nous voyons, ensuite d'un traité de 1160, ce *vicaire* prêtant serment devant lui ; c'était lui faire honneur et reconnaître sa juridiction. Le doyen ne touchait pas même les revenus qui étaient perçus par le Chapitre, dès le temps où le titre paroissial fut transféré de Saint-Laurent à Sainte-Madeleine. C'est ce qu'indique le pape Célestin II qui écrivait aux chanoines en 1143 : « nous *confirmons* les dîmes de votre paroisse et nous vous autorisons à les percevoir comme du passé. » Aucun document plus ancien ne parle de ces dîmes ; toutefois, celui-ci ne les établit pas, *puisqu'il les confirme*. La chose pourtant n'allait pas sans difficulté ; les droits de chacun étaient mal définis, quelquefois opposés, et cent ans après la lettre du pape, en 1243, une transaction consentie à l'amiable ne termine pas le litige. (1) L'archevêque, Hugues de Vienne, après un nouveau siècle, en 1347, essaie d'y mettre fin par l'institution d'un vicaire perpétuel pour remplir les fonctions de curé, moyennant une portion congrue des bénéfices. On sait que ces vicaires, à titre irrévocable, ne différaient des curés que par le nom. L'apparence même d'une distinction disparut en 1480, quand les chanoines de Sainte-Madeleine furent autorisés à présenter un des leurs, que l'archevêque nommait curé. Irrévocable par ailleurs, ce curé restait éligible et amovible au gré du

____

(1) **Archives du département.**

Chapitre. (1) Il en est ainsi, dans notre métropole, depuis que la cure de Saint-Jean a été réunie au Chapitre. Il y eut même un instant, en 1547, un treizième canonicat créé pour le curé ; mais cette institution ne dura pas. Après les personnes, on voulut confondre les revenus. Claude d'Achey le fit en 1646, en ordonnant que les droits curiaux entrassent dans la mense du Chapitre. Suivant M. Saussay (2) ces droits se montaient annuellement à cinq ou six mille livres ; ils ne dépassaient pas un millier de livres dans les autres paroisses urbaines. Le curé s'adjoignait des vicaires qui restèrent toujours amovibles. Le gouvernement de la paroisse resta ainsi constitué jusqu'à la Révolution.

En souvenir de la dépendance où l'église de Sainte-Madeleine avait si longtemps vécu de celle de Saint-Jean, un usage fut maintenu jusqu'en 1731 : l'archevêque, accompagné du clergé de la cathédrale, y venait célébrer la fête patronale et officier quelquefois dans l'année. Les habitants de la banlieue, désignés sous le nom de barraquiers, étaient paroissiens de Sainte-Madeleine. Sans demander à s'en détacher, ils se plaignaient, en 1705, de ne pouvoir être assistés pendant la nuit, après la fermeture des portes de la ville. L'archevêque François-Joseph de Grammont divisa leur vaste territoire en deux parts,

(1) Cérémonial de 1756 aux archives du département, (Etat des bénéfices du diocèse).
(2) *Histoire de la persécution révolutionnaire*, t. I, p. 83.

attribuant à Saint-Ferjeux *ce qui était à bize* de la route de Vesoul, à Bregille ce qui était *du côté du vent*. Cet arrangement n'était que provisoire et devait durer jusqu'à la construction d'une chapelle et d'une maison où un vicaire de Sainte-Madeleine se tiendrait pendant la nuit, à la disposition des paroissiens. Le tout était achevé et la situation du vicaire était réglée par une ordonnance épiscopale le 8 avril 1707 (1). D'un mémoire fait pour un procès entre les chanoines et les semi-prébendés, il résulte que la paroisse comptait alors 20,000 habitants (2).

La chapelle, hors des murs, était sous le vocable de saint Claude, qui se trouva ainsi tout indiqué comme patron de la future paroisse. La chapelle primitive, réparée par le Chapitre en 1761, a été transformée en habitation ; l'église qui l'a remplacée, en 1836, n'est plus elle-même qu'une dépendance d'une maison particulière en face de l'église actuelle. Celle-ci fut construite de 1854 à 1858. Après la Révolution, la paroisse de Sainte-Madeleine ne s'étendit plus en dehors des fortifications ; celle de Saint-Claude, érigée en 1835, prit une grande partie de son territoire à celles de Saint-Ferjeux et de Bregille.

Dès 1790, le bureau de la Fabrique avait prévu et tâché de prévenir ce démembrement, ainsi que la distraction de la bannière du Bourg. Dans une protestation, rédigée le

---

(1) Archives du département.
(2) Archives du département.

5 décembre, il rappelle le décret du 24 août précédent, qui tendait à la diminution du nombre des paroisses par la suppression des plus pauvres. Celle de la Madeleine comptait alors 15 à 16.000 âmes, (dont 12 à 13 au dedans des murs) et 1,100 familles pauvres. La délibération concluait au maintien de la bannière du Bourg qui était le plus riche quartier de la paroisse.

L'institution plus ou moins régulière des conseils de fabrique, remonte au milieu du seizième siècle ; celui de Sainte-Madeleine ne fut constitué qu'au dix-huitième. Le 9 mars 1763, les paroissiens se réunirent dans l'église neuve pour *établir l'ordre dans l'administration des affaires de la paroisse et former un corps de marguilliers syndics qui la représentent, en soient le conseil permanent et puissent administrer, agir et défendre sur tous biens, droits et actions, et sur toute affaire la concernant.* Une requête avait déjà été adressée au parlement pour réclamer des marguilliers ; elle invoquait la loi, la coutume et les besoins d'une paroisse de *20,000 habitants, dispersés sur une lieue au moins d'étendue.*

L'assemblée du 9 mars fut tumultueuse comme toutes les réunions publiques ; elle avait évidemment pour but d'exercer une pression sur le parlement ; mais elle retrouva le calme pour acclamer des propositions préparées d'avance. L'établissement d'un conseil fut voté ; il comprenait, outre le curé,

27 membres renouvelables par tiers, tous les trois ans, le 9 mars. Le trésorier et le secrétaire pouvaient être maintenus dans leurs fonctions. Les 27 comprenaient 12 nobles, 12 gradués et 3 autres paroissiens. Un assistant donne aussitôt lecture d'un règlement complet sur l'administration paroissiale, et les nouveaux marguilliers sont chargés d'en poursuivre l'homologation devant le parlement. Une protestation de dévouement à la paroisse et de respect à l'archevêque était, en même temps, envoyée au cardinal de Choiseul. Les prétentions du nouveau conseil étaient prévues comme son règlement; il voulait d'abord que la nouvelle église devînt la propriété de la paroisse et que le reliquat des dettes contractées pour la construire fût laissé au Chapitre. Celui-ci voulait bien céder l'église, mais avec les charges. Les syndics allaient l'assigner devant le parlement; les chanoines prévenus ou plus habiles, portèrent le conflit devant l'Intendant de la province. Là, on émit la prétention de faire rendre compte au Chapitre de toutes les sommes dépensées pour la construction; ce dernier répondit que n'ayant jamais eu les fonds à sa disposition, il ne pouvait en être responsable; un bureau paroissial en avait eu le maniement dès l'origine. Le procès fut heureusement abandonné et un arrangement accepté à l'amiable.

En résumé, voici ce qui fut convenu :

L'église passait à la paroisse avec ses re-

venus, *item la portion derrière l'église res-*
tant des maisons acquises pour l'agrandisse-
ment d'icelle. Les meubles et les objets servant au culte resteraient indivis et les offices
continueraient à être célébrés comme par le
passé.

La chapelle collatérale, à côté du maître-
autel, sur la rue d'Arènes, serait à la famille
de Mongenet, qui aurait le droit d'y avoir ses
armes et sa sépulture. C'était en reconnaissance du don de 100,000 livres que fit, pour
commencer l'église, Mme de Mongenet. Saint
Daniel (le prophète), devait être le titulaire
de la chapelle et y serait représenté avec ses
lions. (1) Enfin, les dettes étaient partagées :
16,000 livres à la charge du Chapitre et le
reste à la paroisse. Ce reliquat comprenait
un arriéré d'intérêts de 23,710 livres 8 sols
4 deniers, payables en neuf ans, plus 10,596
livres 9 sols 1 denier que l'on devait encore
aux ouvriers.

Ce traité, conclu le 15 juillet, fut enregistré
au Parlement le 3 septembre 1765, et approuvé
par le roi le 17 juin de l'année suivante. Ainsi
finit une contestation qui acheva de constituer la paroisse. Le Chapitre en avait été
jusque-là comme le centre, et la vie parois-

---

(1) Ce tableau, peint sur bois, a sans doute été fait sur
l'ordre de Mme de Mongenet et estimé indigne d'une place
à l'église. Il a passé à la famille Duban, héritière des
Mongenet ; puis à l'administrateur des biens de cette
famille, enfin chez un brocanteur, où il a été racheté pour
18 francs en 1899. Il orne maintenant, à côté du portrait
de Mme Chevanney des Daniel, une des sacristies.

4

siale ne s'était guère développée en dehors
de lui.

Pendant la construction de l'église, quand
les offices se faisaient chez les Cordeliers,
l'instruction du peuple avait souffert. Le cardinal de Choiseul essaya de réparer ce malheur en instituant, en plus de la messe canoniale et du sermon, la *messe du prône* qu'on
célébrait à huit heures. La première fut bientôt négligée et celle-ci devint la messe de paroisse.

Pendant la Révolution, la paroisse de la
Madeleine fut un peu moins malheureuse
que la plupart des autres. Dès 1789, l'office
de la nuit de Noël n'y fut plus célébré, par
crainte de troubles qui ne se seraient peut-
être pas produits. Nous avons dit que le
Chapitre put continuer ses offices un peu
plus longtemps que celui de Saint-Jean, jusqu'au 10 janvier 1791. Ceux de la paroisse ne
furent pas encore empêchés. Le manuscrit
Laviron, parle d'une scène de désordre qui
eut lieu le lundi de Pâques de cette année.
Quelques membres d'un club chassèrent de
l'église, à coups de poings, et en blasphé-
mant, trois prêtres non assermentés qui faisaient le catéchisme. Ces prêtres, les derniers qui ont exercé canoniquement le saint
ministère à la Madeleine avant l'interdiction
du culte, sont MM. Boyer, Blondoz et Pourcheresse. Ils furent remplacés par des in-
trus.

Le dernier chanoine curé avait été M. Sirebon. Il avait un presbytère, puisque l'arrêté départemental du 19 juin 1797, qui ordonne la vente de la plupart des autres, stipule qu'il sera conservé. On ne gardait que ceux qui pouvaient servir de logement aux instituteurs. Il est vraisemblable que ce presbytère avait été acquis avec les 35.000 livres, léguées, en 1756, par le chanoine Gonon, curé de la paroisse.

Fermée en 1893, même aux prêtres assermentés ou indignes, notre église fut rouverte après la loi du 12 prairial an II (30 mai 1795) « qui rendait provisoirement aux citoyens des communes le libre usage des édifices non aliénés et destinés originairement au culte. » Pendant ce court intervalle et avant la loi de prairial, la municipalité de Besançon s'était montrée favorable à la restauration religieuse. Elle avait loué, ne pouvant faire mieux, Saint-Jean et Saint-François-Xavier aux constitutionnels. Après la loi, elle les dispensa de tout paiement et leur rendit en plus les églises de Sainte-Madeleine, de Saint-Ferjeux et de La Vèze. Le 25 juin, le district restituait même les ornements et les autres objets apportés l'année précédente et qui n'avaient pas été vendus. On voit par là et nous verrons encore mieux, au chapitre suivant, par les noms des ecclésiastiques qui l'ont desservie, que le culte fut aussi peu que possible interrompu dans la paroisse.

Après le concordat de 1801 et le décret du 18 germinal an X, la Fabrique se reconstitua.

Les anciens marguilliers syndics furent remplacěs le 13 vendémiaire an XII. Le registre des délibérations du nouveau conseil ne remonte qu'au 10 juillet 1823 ; mais il paraît, par le texte lui-même, que d'autres délibérations avaient précédé, qui ne nous sont point parvenues.

II.

Périmètre de la paroisse, ses rues et ses places

Quelques explications préalables sont utiles sur le gouvernement de la cité. A la fin du douzième siècle, les citoyens avaient divisé la ville en sept *quartiers* et chacun avait sa bannière ; ils portaient les noms de Saint-Quentin, Saint-Pierre, Chamars, le Bourg, Battant, Charmont et Arènes. Les quatre derniers formaient la paroisse de Sainte-Madeleine. Tous les ans, à l'Hôtel-de-Ville, les habitants de chaque quartier élisaient quatre *notables*, ce qui en portait le nombre à vingt-huit et ceux-ci, le jour de saint Jean-Baptiste, choisissaient quatorze principaux citoyens, (deux dans chaque bannière) qui formaient le conseil de la cité. On les a désignés sous divers noms ; ils sont plus connus sous celui de *gouverneurs*. On a remarqué que leurs pouvoirs ressemblaient beaucoup à ceux des *tribuns du peuple romain*. Nos quatre bannières avaient ainsi seize *notables* sur vingt-huit et huit gouverneurs sur quatorze. C'était la majorité.

Indépendamment de son concours dans l'administration générale, chaque bannière avait son autonomie. Elle pouvait posséder. Ainsi, en 1573, la veuve du sieur Guillaume d'Anvers lègue par testament, « aux bannières de Baptant, Charmont et Arènes conjointement la somme de cinq cents francs pour acquérir cense, afin de, chacun an, en chacune des dites bannières, doter une pauvre fille honnête, de dix francs le landemain de ses nopces. » (1)

La richesse relative de chaque quartier nous est indiquée par un impôt qui fut levé en 1495 et dont voici la répartition :

Saint-Quentin	2.578 francs
Saint-Pierre	1.489 —
Chamars	568 —
Le Bourg	1.072 —
Battant	2.060 —
Charmont	616 —
Arènes	1.056 —
	9.439 francs.

Dans sa description de Besançon en 1608, Pierre Despotots, gouverneur de la Cité, décrit les armes de nos bannières :

Le Bourg : A un griffon en sable en l'écu de champ de gueules.

Battant : A l'écu méparti en travers, dont

(1) *Documents inédits de Franche-Comté*, t. VII, p. 304.

la partie supérieure est en champ d'or et la partie inférieure en champ d'azur.

Charmont : Porte en champ d'or une croix en l'écu de gueules.

Arènes : Porte en champ d'or un lion grimpant et deux coquilles aux côtés de la tête en l'écu de sinople.

M. Castan s'exprime autrement : (1)

Le Bourg : De gueules au griffon ailé d'argent.

Battant : De gueules au chef d'argent.

Charmont : De gueules à la croix fleuronnée d'or.

Arènes : De gueules au lion rampant d'or. accosté de deux coquilles d'argent.

Les événements politiques et religieux, autant que militaires, de 1575, ont valu aux citoyens d'au delà du pont le nom de *bousbots,* qu'ils gardent encore. En voici l'étymologie. Après cette « tentative des protestants suisses et allemands qui faillit livrer à un hardi coup de main Besançon et ses destinées » (2) les habitants des trois bannières qui avaient donné l'alarme et vaillamment combattu donnèrent aux assaillants le sobriquet injurieux de *bots* (c'est-à-dire crapauds), d'où le nom de *pousse-bots* dégénéré en celui de *Bousse-bots.*

La description suivante des rues de Besançon aux siècles précédents, convient particu-

(1) *Besançon,* p. 28.
(2) M. Gauthier, l'*Ancienne collégiale de Sainte Marie-Madeleine,* p. 11.

lièrement à notre quartier : « Les maisons
n'avaient qu'un ou deux étages au-dessus du
rez-de-chaussée, et presque toutes avaient
l'entrée des caves ouverte et envahissante
sur la voie publique. Une trappe en bois fermait l'escalier. La multiplicité de ces ouvertures, souvent béantes, principalement à
l'époque de la vendange, rétrécissait considérablement l'espace libre pour la circulation. S'il était ainsi souvent impossible de
longer les maisons, le milieu de la chaussée
présentait parfois un autre obstacle : là, à la
moindre averse coulait un ruisseau, et un
torrent impétueux à la suite d'un orage ; de
chaque maison, un affluent tombant des toits
contribuait à enfler le flot chargé d'épaves,
roulant les immondices, se précipitant quelquefois en cataractes dans les caves. » (1)

Les noms des rues et les numéros des
maisons ont été *marqués* pour la première
fois en 1775 ; mais ce numérotage, dont on
voit encore des traces, surtout au petit Battant, était établi sur toute la ville. Besançon
a devancé, dans cet usage, toutes les villes
de la province et suivi de près les principales
du royaume. Les numéros spéciaux à chaque
rue datent de 1815.

1º Bannière d'Arènes

Le quartier d'Arènes, entre le pont et les

______

(1) M. le Dr Ledoux, *Besançon sous le Premier Empire*,
page 12.

remparts en aval de la rivière, a pris son nom de l'amphithéâtre romain qui était à son extrémité. Il comprenait les rues du Pont, d'Arènes, de l'Ecole, du Peteux, Thiémanté, de Vignier, de Sachot, la place Saint-Jacques et l'emplacement du nouveau quai Veil-Picard. (1)

Rue du Pont, Place du Pilori, Place Jouffroy. — Le pont a, autrefois, donné son nom à la rue, longue de quelques mètres, qui allait de son entrée à la rue Battant et à la place du Pilori.

Celle-ci rappelle un instrument de supplice qui y fut longtemps en usage. Elle garde encore ce nom, bien qu'officiellement et depuis 1881, tout l'espace compris entre le pont et l'église, c'est-à-dire la place considérablement agrandie, doive perpétuer la mémoire de notre compatriote Jouffroy. On sait qu'il appliqua, le premier, par des expériences faites sur le Doubs, la vapeur à la navigation.

Rue d'Arènes. Quai Veil-Picard. — La rue d'Arènes, qui va du Pilori aux remparts, en aval de la rivière, a pris et gardé le nom de notre amphithéâtre romain. Elle ne remonte pas, telle qu'elle est, au delà du seizième siècle, car elle fut presque entièrèment détruite par un incendie, le lundi avant Pâques, en 1545.

Dans son *Voyage de Paris à Neuchâtel en*

---

(1) Certains recensements donnent la rue du Pont à Battant et celle de l'Ecole à Charmont.

1812, Depping dit que le Doubs est large, mais malheureusement bordé, (du côté de la Madeleine) par de vilaines maisons qui s'avancent jusqu'au bord de la rivière. Il ajoute que de beaux quais plantés d'arbres, comme ceux qui longent les canaux des villes de Hollande, feraient un effet charmant. Ce vœu du voyageur a été réalisé, en 1864, par la construction du quai de Strasbourg, et en 1878 par celle du quai Veil-Picard, du côté d'Arènes. Ce dernier a pris le nom d'un riche banquier qui a généreusement contribué à la dépense.

M. le Dr Ledoux (1) complète ainsi la pensée et le vœu de Depping. « Sur les bords du Doubs, des travaux successifs ont tout changé... Le canal et son chemin de hâlage n'existaient que sur les dessins des ingénieurs, et les murs d'escarpe qui portent nos quais Vauban n'étaient pas encore édifiés. Le dessin et la gravure ont conservé le souvenir pittoresque des vieilles maisons de Battant et d'Arènes, dont les fondations baignaient çà et là dans la rivière. De nombreuses tanneries et des teintureries y étaient installées, principalement en aval du pont. Des ruelles conduisant au Doubs, depuis les rues parallèles, portaient le nom de ports : les ports Chavirey, Citeaux, de la Fontaine, Galliot, Perrot, communiquaient avec Arènes. » Les noms de Chavirey, Galliot et Perrot sont ceux d'anciennes et considérables

(1) *Besançon sous le Premier Empire*, p. 12.

familles qui avaient là leurs habitations ;
celui de la Fontaine rappelle une source ;
enfin le Port Citeaux était à côté d'une maison qu'y possédait cette abbaye.

D. Berthod, dans les notes qui accom-
pagnent sa dissertation couronnée en 1764 (1)
parle *des rues que l'on ne connait plus* ou
qui sont presque oubliées, et il signale en particulier la rue de *Troye*, allant à la porte du
même nom, et la rue de la *Carotte*, près des
Arènes, enfin le port *Tavet* qui n'en était pas
éloigné. Ce dernier est rappelé dans un titre
des *Archives de Saint-Vincent* de l'an 1667.
Il a disparu sous le bastion d'Arènes, comme
la rue dite de *Venise* sous la caserne d'artillerie.

Rue de l'Ecole. — D. Berthod, dans la dissertation citée plus haut (2) rapporte, d'après
un auteur du onzième siècle, qu'Hugues Iᵉʳ
fonda plusieurs écoles. Il est certain, dit-il,
qu'il y en avait une pour le Chapitre de
Sainte-Madeleine et le nom d'*Ecole* est resté
à la rue où elle était placée.

On sait d'ailleurs que cette rue fut aussi
appelée la rue des *Prêtres*, parce qu'elle était
habitée par le clergé attaché à l'église. Elle
porta d'abord ce dernier nom ; l'autre lui vient
bien de l'école du Chapitre, mais il ne lui fut
exclusivement attribué, suivant M. Droz (3)

(1) *Mémoires et Documents inédits de Franche-Comté*,
t. II, p. 333.
(2) *Mémoires et Documents inédits de Franche-Comté*,
t. II, p. 330.
(3) *Le Collège*, p. 20.

qu'après la réunion, en 1465, des écoles de
Saint-Jean et de Saint-Etienne à celle de
Sainte-Madeleine qui prit alors une importance qu'elle n'avait jamais eue. Mais il
paraît certain que les autorités d'alors, plus
sages que les édiles de nos jours, ne changèrent l'appellation de la rue que longtemps
après l'usage établi du nouveau nom : un
document indique la rue de l'*Ecole* dès 1281.

La rue des Morts, qui va de la rue d'Arènes
à celle de l'Ecole, est ainsi nommée parce
qu'elle conduisait aux catacombes de l'église.
Elle n'a pas toujours été livrée à la circulation : au dix-huitième siècle le Chapitre la
tenait habituellement fermée sur la rue de
l'Ecole et ouverte, de jour seulement, sur la
rue d'Arènes.

Rue de Vignier. — Le mot *vignier* désigne, dans les anciens actes, un garde vignes,
comme *messier* un garde moissons. D'où le
sentiment commun qui tire le nom de cette
rue des vignerons qui l'habitaient. « Il est
évident, dit D. Berthod. qu'une partie de
Charmont était en vignes dans le douzième
siècle. Elle était la rue de *Vigni* sous l'an
1160, comme il paraît par un accord fait entre
le trésorier de l'église métropolitaine et le
Chapitre de Sainte-Madeleine (1). »

M. Castan (2) pense voir dans des bulles

(1) *Mémoires et documents inédits de Franche-Comté*,
t. II, p 330. D. Berthod appuie son sentiment sur diverses
bulles et un extrait de son cartulaire.
(2) *Besançon et ses environs*.

du douzième siècle, que cette rue aboutissait au *manse de Vernier* (mansus Vernerii) et que ce mot serait devenu *Vignier*.

Rue de Sachot. — Le *Séchal* ou *Séneschal* qui a donné à la rue qu'il habitait son nom, devenu *Sachot*, n'a pu être un simple *séchal* ou gérant d'affaires du Chapitre. On l'a cru sur la parole de Perrenot. Mais celui-ci, en disant que cette rue est appelée dans les anciens titres *vicus sacelli*, puis, au treizième siècle, *vicus de Saichat*, indique qu'on désignait ainsi le quartier du *sénéchal* de Bourgogne. Le vicomte et le maire avaient aussi le leur et chacun d'eux avait une autorité bien autrement étendue que celle d'un simple chapitre.

La rue *Grateri* qui va, comme la précédente, de la rue de Vignier aux remparts, tiendrait son nom de la nature même du terrain qu'elle occupe. On appelait *gratieri* une terre rocailleuse et peu profonde qu'on ne peut cultiver qu'à la pioche, en la *grattant.*

La rue et la place *Marulaz*, qui, ensuite d'un arrêté municipal de 1862, doivent perpétuer la mémoire du vaillant défenseur de Besançon en 1814, ont plusieurs fois changé de noms. La rue porta, très anciennement, celui du *Peteur.* Cette appellation, au moins bizarre, n'est ni une consonnance, ni une résonnance. La rue du *Putuz, vicus de Postico,* au moyen âge, rappelait la porte dite *Postica,* qui donnait sur cette voie et par où entraient dans l'arène, les gladiateurs et les animaux féroces.

La place porta le nom de Saint-Jacques pendant tout le temps qu'y subsista l'hôpital érigé sous ce vocable par les chanoines de Sainte-Madeleine. Du douzième à la fin du dix-septième siècle, elle fut nommée *place de l'Artillerie*, après la construction de la caserne ; enfin *place Marulaz* en même temps et pour la même raison que la rue. En 1720, messieurs du magistrat ont fait abattre un bon nombre d'anciennes maisons, pour l'agrandir.

La rue *Thiémanté* s'appelait, au moyen âge, *Tiremanté* ou *Viremanté*, *tire* ou *vire* manteau. C'était une rue mal famée où l'on ne pouvait aller qu'avec précaution et en se cachant.

La Révolution eut la fantaisie de changer les noms de toutes nos rues. L'almanach des *Sans-culottes* pour l'an III donne les *dénominations des rues, places et promenades publiques arrêtées ensuite des ordres du représentant Lejeune*. Le décret municipal est rédigé par le citoyen maire Marrelier (de Verchamps), ci-devant chanoine de la Métropole. La bannière d'Arènes devint la 8e section, dite de la *Gloire* ; elle partageait d'ailleurs ce nom retentissant avec la rue du Peteur. Le général (et non le roi) Dagobert donna son nom à la rue de l'Ecole ; le soldat, devenu empereur, Décius (on se demande ce qu'il vient faire là), donna le sien à la rue de Vignier ; enfin la rue Thiémanté devint la rue du *Droit canon* et celle d'Arènes la rue de la *Confédération*.

2° La bannière de Battant

Ce quartier comprend les deux rues de ce nom ; la place Bacchus, qui les sépare ; les rues Mayence et Champrond qui descendent vers la rivière.

Quai de Strasbourg. — En amont du Doubs, un quai planté d'arbres a fait disparaître, dès 1864, les vieilles maisons dont les murs baignaient dans l'eau. Ce quai, d'abord *Napoléon*, fut débaptisé après la chute de l'Empire et prit le nom de *Strasbourg*.

Rue Battant. — Autrefois la rue *Battant* était la voie ordinaire allant du pont à la Mouillère. Les auteurs pensent trouver l'origine de ce nom dans un *battoir* ou *battant* à fouler le drap qui était sur la fontaine. Dans la basse latinité on l'appelait *Battanderium* et *Battenterium* et, dans les chartes, dès le treizième siècle, la fontaine a une dénomination semblable. *Fons Batenti*, Chifflet (Vesuntio 118) donne une étymologie plus savante et moins vraisemblable ; il veut que le mot vienne de deux cirques ou gymnases qui étaient, l'un le grand et l'autre le petit Battant. Là, les gladiateurs, ou au moins les soldats, se livraient à leurs combats ou à leurs exercices, *pugnabant, batuebant*. Il cite à l'appui de son sentiment ce vieux texte :

« *Battualia quæ vulgo Battalia dicuntur, exercitationes gladiatorum vel militum significant.* » C'est au moins de l'érudition qui expliquerait le partage, à la place Bacchus, des deux rues du grand et du petit Battant. Cette dénomination s'explique plus naturellement par l'importance différente des deux rues. La première fut presque entièrement détruite par un incendie en 1588. Les gouverneurs, tant pour l'*utilité que pour la beauté de la ville*, firent défense de rebâtir autrement qu'en pierres de taille (1).

En 1734, au retour des conseillers exilés pour leur résistance aux ordres de la Cour, on a vainement essayé d'appeler Battant la rue du *Triomphe*. Après les fêtes qui furent données en l'honneur des bannis, la rue par où s'était faite leur rentrée *triomphale* reprit son ancien nom. La fontaine perdit le sien quand disparut le *battoir* et prit celui de *Mouillère*, du moulin qui le remplaça.

Place Bacchus. — Les deux rues de Battant restent séparées par la place *Bacchus*, bien que la statue de ce dieu ait depuis longtemps disparu. Elle datait de 1579 et était l'œuvre de Claude Lulier. En 1848, un arbre de la liberté fut planté sur cette place ; de facétieux buveurs, pour protester contre l'institution récente de la régie, pendaient de gros rats à ses branches. Cette plaisanterie, qui dura quelque temps, n'eut aucun

(1) *Mémoires et Documents inédits de Franche-Comté,* t. VII, p. 334.

succès, on le devine, contre les employés de la nouvelle administration.

La rue *Mayence* n'a rien de commun avec la ville allemande que Gutenberg et l'imprimerie ont rendue célèbre; elle a gardé le nom d'un chirurgien qui n'était peut-être qu'un barbier, et habitait l'angle supérieur de la rue.

La rue *Champrond* serait, suivant Chifflet, un *campus rotondus* et marquerait l'emplacement d'un cirque romain. Il y en aurait eu beaucoup, presque trop, dans ce quartier. L'étymologie plus vraisemblable de ce mot serait *campus pronus*, indiquant un champ ou terrain incliné.

M. Castan, pour qui les chartes du moyen âge n'avaient pas de secret, y a découvert qu'au treizième siècle, cette rue s'appelait *Vicus de Chanron*, du nom d'une vieille famille qui possédait des immeubles dans cette partie de la ville.

Pendant la Révolution (1794-1811), le quartier de Battant devint la 6ᵉ section, dite des *Piques*, jusqu'à la porte qui prit le nom du *Rhin*. Le petit Battant seul eut une dénomination particulière et fut appelée la *rue de la Surveillance*.

3° Bannière de Charmont

La montagne sur laquelle repose cette troisième partie du quartier nord de Besançon est un *Mont-Chauve, Calvus mons*, dans les plus anciens titres. L'usage a transformé ce nom en celui de *Chalmont* et enfin *Charmont*.

Cette bannière renfermait les rues du grand et du petit Charmont, (dont on a détaché récemment la rue de la Madeleine) puis celle de Chartres et de Richebourg.

Les rues de la Madeleine, du grand et du petit Charmont. — La rue qui a conservé le nom de la bannière de *Charmont* a été tracée, comme celle de Battant, du Pilori jusqu'aux remparts; elle se divise encore en *grand et petit Charmont.*

Au milieu du dix-neuvième siècle, l'usage, qui a fini par prévaloir, a donné au bas de cette rue, le nom de la Madeleine. Cette dernière rue, qui s'arrêta d'abord à la naissance de celle de *Chartres,* a été récemment prolongée jusqu'à la vraie montagne de Charmont.

La rue de *Chartres* est appelée *castra* dans les plus anciens monuments. Ce mot indique un camp militaire qui remonte à l'époque romaine et a laissé son nom devenu *Chastres* en français, enfin *Chartres* par une permutation qui n'a rien d'étonnant dans le langage du peuple.

La rue *Saint-Canat* allait autrefois jusqu'au centre de Battant et portait le nom de *Cabet,* d'une famille noble qui l'habitait. Une autre famille dite de *Cinquant* la baptisa également. C'est même ce mot conservé ou ressuscité, mais sûrement torturé par le peuple, qui est devenu *Saint-Canat.* Le saint est peu connu et la rue n'existe plus guère : elle n'est qu'une impasse.

La rue des *Moutons* n'a pas été habitée, plus qu'une autre, par ces quadrupèdes qui pourraient facilement en monter les escaliers ; son unique porte était autrefois celle d'une famille de vignerons dont elle garde le nom. Ceux qui en franchissaient le seuil allaient forcément *chez les Mouton*.

La rue *Richebourg* est appelée, dans une charte de 1291 *Vicus de Chiclou*. Elle était plus rapprochée des fortifications et mieux bâtie qu'aujourd'hui. Abandonnée pendant les guerres des seizième et dix-septième siècles, elle a été rebâtie et n'a, que depuis une centaine d'années, l'aspect que nous lui voyons. Avant les guerres qui l'ont détruite, elle était habitée par des orfèvres ou changeurs, dont les lucratives transactions en auraient fait un *riche bourg*. M. Castan, qui accepte cette appellation et la fait bien remonter au seizième siècle, lui donne une autre origine : il en fait honneur à un seul des anciens orfèvres : Michel de *Richebourg*, originaire de Coutance. En tout cela, on voit mieux la *rime* que la *raison*.

Pendant la Révolution, la bannière de Charmont devint la 7e section et la rue Richebourg, la rue *Guillaume Tel*.

4º Bannière du Bourg

Au temps d'Hugues Ier, depuis l'invasion

des Hongrois, « la partie basse de la presqu'île de Besançon était absolument dépeuplée; l'archevêque y établit des colons de ses domaines ruraux. Cette aglomération prit le nom de *bourg*, par opposition au reste de la ville qui portait le nom de *cité*. Les nouveaux habitants furent appelés *bourgeois*, contrairement aux anciens qui conservèrent le nom de *citoyens*. A l'ombre d'une église placée sous le vocable de Sainte-Madeleine, des habitations se groupèrent par delà du pont romain » (1). Ainsi se forma la bannière du *Bourg*. Elle est vaguement délimitée par les rues de Glères, de la Bouteille, le Puits du Marché, la rue du Loup et l'extrémité inférieure de celle du Lycée. Plus précisément, on trouve indiquées, dans les feuilles de répartition d'impôts dont il est parlé plus haut : les rues du Bourg, Poitune, le bas de la Grande Rue, jusqu'au Puits du Marché, la place de la Poissonnerie et la place Neuve, les rues de Glères, du Saint-Esprit, des Noyers, les quais et la rue Basse.

La rue du *Bourg*, ainsi désignée parce qu'elle était au centre de la bannière de ce nom, n'était que le bas de la Grande Rue entre le pont et le *Puits du Marché*.

Ce puits se trouvait à peu près à la hauteur de la rue du même nom. Celle-ci, quand le marché changea de place, fut appelée des *Chambrettes* (ou chétives maisonnettes qui

____

(1) *Besançon et ses environs*, par A. Castan, p. 13.

la bordaient au moyen âge). Elle rappelle, depuis peu, notre savant compatriote *Pasteur*.

Les quais de la rive gauche ont été construits de 1692 à 1695, sur les plans de l'ingénieur *Vauban*, dont ils ont gardé le nom. On prétend que celui-ci eut d'abord l'intention d'en faire un mur d'enceinte ; la rivière eût été le fossé de la place. Ce serait sur le désir de la population et l'ordre du magistrat que les constructions du quai auraient été élevées telles que nous les voyons, et les fortifications portées au delà de nos autres bannières.

Les deux extrémités du quai Vauban touchent aux remparts ; il était précédemment divisé en quatre parties appelées quai des *Cordeliers*, *Poitun*, des *Boucheries* et du *Saint-Esprit*. Les deux premiers, de Chamars au pont, étaient séparés par le port *Nayme*, les deux autres par le port *Mayeur*. La rivière était ainsi en communication avec la rue *Poitune* en aval, et la place du marché en amont du pont.

Les deux ports (ou ruelles) ont aussi changé de noms ; comme le premier longeait la vicomté établie par les ducs de Bourgogne pour rendre la justice, il a été d'abord le *port au vicomte* ; puis des *Cordeliers* à cause du voisinage de ces religieux ; enfin, en 1670, le port *Nayme*, du nom d'Antoine-François Nayme qui l'enclava dans sa maison. Le port *Mayeur*, au moyen âge *portus majoriæ bisuntinæ*, prit cette désignation de la mairie féodale où se tenait la police du Bourg.

Depuis une centaine d'années, le nom de Vauban a remplacé tous les autres et désigne le quai tout entier.

La rue *Poitune*, suivant M. Castan, doit son nom à un seigneur du Poitou, venu à Besançon dans la seconde moitié du douzième siècle. Dans une charte de 1181, il est appelé *Henricus Pictavinus*, et, dans une autre de 1189, *Henricus de rue Petuene* (1).

M. Guenard pense que le mot *Poitune* vient d'une menue monnaie de billon, que Testelin, directeur de la monnaie à Besançon, fabriquait à la fin du onzième siècle, *in domo suâ inferius prope pontem*. Puisque sa maison était au-dessous et près du pont, il est au moins vraisemblable que les *pites* ou *poitevines* se faisaient dans la rue *Poitune*.

Le nom de la rue des *Boucheries* vient du grand commerce de viande qui s'y est fait, dès les temps les plus anciens. Les chartes latines l'appellent *vicus Macelli*, plus tard elle est la rue du *Maisel*, mot qui signifie *boucherie*.

La place *Labourey*, malgré tous les arrêtés municipaux, continue à rappeler le fameux assassin dont nous contons ailleurs les crimes et le châtiment (1618). Elle fut primitivement la place du *Puits du Marché* qui était dans son voisinage. Quand les magistrats y transportèrent le marché aux légumes, ils l'appelèrent place *Neuve* (1620) ; après la Révolution et pendant de longues années, elle porta

---

(1) *Besançon et ses environs*, p. 370.

officiellement le nom de place de l'*A bon-dance*. La légende, comme pour justifier la désignation traditionnelle, a travesti l'histoire. Elle a fait du brigand un pâtissier vendant de la chair humaine, puis, après la démolition de sa maison, elle en a montré la *place labourée* et semée de sel.

Cette place fut successivement agrandie de l'emplacement de la maison Labourey, confisquée judiciairement et rasée ; puis, au dix-huitième siècle, de la rue de la *Haute Poissonnerie* ; enfin de la rue *Basse*.

La rue du *Saint-Esprit* longe l'ancienne église de l'hôpital des enfants trouvés qui a subsisté du treizième siècle à la fin du dix-huitième. Cette église est devenue le temple protestant.

Le nom de la rue de Glères a, suivant MM. Castan et Guenard, des origines diverses. Ces deux historiens restent fidèles à leurs méthodes ; l'un cherchant ses étymologies dans l'histoire, l'autre dans le sens même ou la consonnance des mots. Le premier nous apprend qu'une famille noble qui possédait la seigneurie de Montjoie et portait le nom de *Glères*, avait sans doute un hôtel dans cette rue ; le second affirme, après Ducange, que le mot *Glère* signifie *sable*, et conclut qu'une rue couverte, dans toutes les inondations, par les sables du Doubs est bien une rue *sablonneuse*, de *sable*, de *glère*.

Ceci prouverait qu'autrefois le Doubs était plus propre qu'aujourd'hui. Autrement nos ancêtres, que M. Guenard suppose si forts en étymologie, auraient mis en place de la rue de Glères, celle du *Loup* ou plutôt *Loux*, mot celtique qui signifie *sale, puant, luteum*, en vieux langage : *lot, fange* ou *boue* (1). La rue de Glères, qui s'arrêtait au couvent des Carmélites, a été prolongée en 1849, à travers leur jardin, jusqu'aux remparts.

La rue de l'*Abreuvoir* conduisait autrefois à la rivière, dans un endroit où l'on abreuvait le bétail.

Pendant la Révolution et après l'arrêté municipal de l'an III, la rue Poitune fut, pour quelque temps, la rue de *la Fontaine*; les quais des Cordeliers et du Saint-Esprit, ainsi que la rue du même nom, perdirent leurs souvenirs religigieux pour devenir le quai *Charlier*, le quai *Simonneau*, et la rue de la *Fraternité*. La place prit le nom de *l'Abondance*.

Nos bannières s'étendaient, hors des murs, sur une immense banlieue. Nous n'en donnons pas ici la délimitation; outre qu'il serait assez difficile de l'établir exactement, presque tout ce territoire, moins une partie de celui de Saint-Claude, appartenait aux paroisses voisines.

---

(1) *Besançon*, par Alex. Guenard, p. 282.

CHAPITRE VI

Les doyens, les curés et les vicaires de Sainte-Madeleine

Il est dit plus haut qu'il faut considérer, comme curés de la Madeleine, les doyens qui ont fait desservir la paroisse par des vicaires amovibles jusqu'en 1347. Les vicaires perpétuels, institués à cette époque, étant vraiment curés et chanoines, prennent la place des doyens qui n'ont plus guère d'autorité qu'au Chapitre. Pendant la Révolution, les prêtres qui ont exercé le ministère dans notre église avaient des titres et une juridiction également contestables; enfin, après le Concordat et jusqu'en 1894, trois curés seulement ont administré la paroisse. La vie de tous ces prêtres, surtout pendant les deux premières périodes, nous est à peu près inconnue. Il faut parcourir avec attention les actes et les registres de notre collégiale pour trouver leurs noms. Ce travail a été fait, jusqu'en 1506, par un ancien vicaire de la Madeleine, M. l'abbé Bour, devenu curé de Cirey, puis de Pouilley-les-Vignes, où il est mort en 1870. C'était un travailleur. Il a laissé des notes précieuses non-seulement sur le Chapitre et l'église de la Madeleine, mais sur Cirey et l'abbaye de Bellevaux. Ces notes ont servi à contrôler et même à compléter ce petit ouvrage. Après 1506, les délibérations du Chapitre se suivent régulièrement, mais les noms des curés y sont confondus avec ceux des chanoines, sans rien qui les distingue. Pour en retrouver la trace, il faut chercher dans les archives de la paroisse. Elles commencent avec l'église actuelle, en 1736. La liste de ces noms, même avec des lacunes, a bien ici sa place.

Il est dit, au chapitre précédent, que le plus ancien, et probablement le premier curé doyen de Sainte-Madeleine, fut *Thierri*. Il vivait en 1083. On n'a de lui qu'une signature pour une concession faite par l'archevêque Hugues II à l'abbaye de Baume-les-Messieurs.

En 1092, *Manégand* appose son sceau sur une donation faite au Chapitre par Hugues III des cures de Bussières, de Sayens (Foucherans) et d'Azans (près de Dole).

En 1120, *Hugues* signe un traité entre les chanoines de Sainte-Madeleine et les moines de Baume, au sujet de cette dernière église.

En 1124, il était remplacé par *Etienne*.

En 1134, *Manégand* signe la donation faite au Chapitre des églises de Goux et de Peseux. Plus tard, il quittait sa charge pour entrer au chapitre de Saint-Paul.

Avant 1160, il était remplacé par *Pierre* qui donna comme lui, sa démission.

En 1160, *Ebérard* succédait à celui-ci pour devenir, dix ans plus tard, archevêque de Besançon.

En 1185, *Guillaume* était doyen.

En 1211, *Eudes*. Après lui, *Renaud*.

En 1242, Frédéric *Taxavari*, successeur de ce dernier, mourait après avoir fondé son anniversaire. Il avait établi un chapelain dans la chapelle des Arènes.

En 1245, *Guillaume*.

En 1260, François *Bonvalot* qui était en même temps abbé de Luxeuil et de Saint-Vincent, fondait son anniversaire à Sainte-Madeleine.

En 1284, *Thiébaud de Faucogney* lui avait succédé et donnait sa démission.

En 1286, *Pierre d'Arguel* fondait son anniversaire. Il mourait quatre ans plus tard.

En 1295, *Henri de Faucogney*.

En 1310, *Jean de Rougemont* fait céder à sa cure certains revenus par le Chapitre.

En 1335, un deuxième *Henri de Faucogney* fonde son anniversaire.

En 1339, *Jean de Vienne* était doyen. Un différend qu'il jugea entre le Chapitre et son vicaire Humbert, fut une des dernières difficultés qui ont provoqué, en 1347, l'institution des vicaires perpétuels. Jean de Vienne eut une vie longue et agitée : il fut promu, en 1355, à l'archevêché de Besançon ; passa, en 1361, à l'évêché de Metz et enfin à celui de Bâle. Il mourut en 1382. Il fut le dernier doyen-curé.

Les premiers vicaires perpétuels, dont le souvenir est arrivé jusqu'à nous, sont: *Pierre de Chambornay* et *Humbert de Doubs*, qui ont desservi la paroisse pendant dix-huit ans, ou à peu près (de 1347 à 1365).

Vers 1365, Humbert avait été remplacé par *Jacques de Saint-Vincent*, puis par *Jacques de Moirans*.

En 1372, *Pierre de Saône* entrait au Chapitre et peut-être à la cure qu'il semble avoir quittée en 1399, bien qu'on ne lui trouve un successeur qu'en 1415.

Alors *Jean Charton*, curé, fonde deux anniversaires et lègue tous ses biens à notre église. Il meurt en 1423.

Guardet, qui le remplace, se retire après un an, ensuite d'un jugement rendu contre lui par l'official, à propos des oblations.

En 1424, *Jean Fondeur* lui avait succédé. Une sentence d'un juge apostolique l'avait mis en possession de sa stalle, en déboutant Etienne Vadrat, de Langres, qui la lui disputait. Il fit, comme curé, plusieurs libéralités à la paroisse et fonda la fameuse messe *missus* dont il est parlé ailleurs.

En 1437, *Guillaume de Belmont*, licencié ès-décrets, fonde son anniversaire, et, par son testament, il partage ses biens entre notre église et sa sœur. Il mourait en 1446.

Pierre Donzelli qui le remplace cette même année, renonce à sa cure après trente-deux ans de ministère (1446-1478) et retrouve dans sa stalle au Chapitre, un repos bien mérité pour sa vieillesse. Il avait donné à l'église une relique de la vraie croix qui fut enchassée dans la croix de vermeil qui servait aux processions.

En 1478, *Etienne Clerget* est nommé curé de Sainte-Madeleine. Après trois ans, il cède la cure à un autre chanoine, (1481) *Pierre Sibille*, qui lui cède sa stalle.

En 1506, le 16 mars, *Pierre Mermier* entre, en même temps, au Chapitre et à la cure.

M. l'abbé Bour s'arrête ici dans ses recherches, faute de documents. Plus la cure est unie au Chapitre, moins le curé se distingue des autres chanoines. Il est à peine indiqué sur les registres des baptèmes dont le plus ancien, conservé à la bibliothèque de Besançon, remonte à 1589. Au registre des délibérations capitulaires, tenu très régulièrement, le curé signe comme ses confrères, sans faire jamais mention de sa qualité. En 1589, les registres paroissiaux portent une seule fois ces mots : *Tornant parochus*. Le nom seul se retrouve au bas de quelques actes jusqu'en 1615 et disparaît.

De 1636 à 1638, les actes sont signés *Oudot-Chandiot*, nom très commun dans la ville à cette époque. Ensuite et jusqu'en 1656, les parrains et les marraines sont toujours indiqués après les baptèmes. Le prêtre qui a baptisé ne l'est jamais.

De 1656 à 1662, on voit les signatures de plusieurs vicaires.

En 1662, *François Philippe* nous informe une fois qu'il a charge d'âmes, *curam habens animarum* et il signe , sans plus donner

cette indication jusqu'en 1677. Il paraît clairement que cette périphrase et d'autres qui
vont suivre ménageaient la susceptibilité des
chanoines : ils ne voulaient point que l'un
d'eux s'attribuât exclusivement la possession
de la cure et le titre de curé.

En 1677, le chanoine *Daniel* est curé. Nous
ne le saurions pas si le registre n'était clos,
en décembre, par ces mots : *le chanoine
Daniel étant curé*.

De 1712 à 1724, le chanoine *Delacour* est
aussi discret; il ne s'attribue pas même
charge d'âmes; il se dit chanoine administrateur des sacrements à la Madeleine, *co-
ram me canonico administrante sacramenta
in ecclesia B. M. M.*

Après 1724, s'il fait encore quelques actes
du ministère, c'est avec la permission de son
successeur *M. Gonon*, qu'il désigne dans les
mêmes termes : *ex licentia R. D. Gonon
canonici in præfata ecclesia sacramenta
administrante.*

Le chanoine Gonon fut curé pendant dix
ans.

En 1734, le chanoine *Gallet* l'avait remplacé. C'est lui qui, en 1736, quand l'église
menaçait ruine, convoqua la première assemblée des paroissiens pour en délibérer.

En 1746, *M. de Maizières* reprenait le projet de son prédécesseur et commençait les
constructions avec le don de Mme de Mongenet.

En 1752, *M. Frère de Villefrancon* continuait l'œuvre et souscrivait à l'impòt de 12,000 livres dont il prévoyait l'insuccès.

En 1761, *M. Rochet* intervenait, comme curé, dans le projet de loterie qui échoua. C'est lui qui fit passer, du Chapitre à la paroisse, la propriété de l'église et donna, le 21 juillet 1762, la première bénédiction à la partie achevée de l'édifice.

En 1766, *M. de Bougnon*, docteur en Sorbonne, chanoine curé de la Madeleine, bénissait solennellement l'église, où le Chapitre et la paroisse entraient définitivement.

On ne voit pas en quelle année *M. de Bougnon* fut remplacé, à la cure de la Madeleine, par *M. Sirebon, Charles-Eugène*, l'aîné de trois prêtres appelés vulgairement les frères Sirebon. Le second « Jean-Baptiste, entré dans la Société de Jésus, la quitta pour exercer le ministère paroissial, d'abord à Rurey, jusqu'en 1791, puis de 1802 à 1804. En dernier lieu, il fut curé d'Hyèvre - Paroisse où il mourut en 1806. Enfin, le plus jeune, François-Xavier Sirebon, né en 1754, fut nommé curé de la paroisse de Saint-François-Xavier en 1802. Il la gouverna jusqu'en 1829, remplissant en même temps les fonctions d'aumônier du lycée (1). » Ce dernier avait été, avant la Révolution, chanoine de Sainte-Madeleine.

M. Sirebon, aîné, fut le dernier curé de Sainte-Madeleine au dix-huitième siècle. Il

(1) *Notice sur l'église Saint-François-Xavier*, par **M.** le chanoine Suchet, p. 22.

avait, dans tout le diocèse, la réputation d'un saint et il la partageait avec ses deux frères.

Le 19 octobre 1790, au décret concernant la vente des vases sacrés et des ornements d'église, M. Sirebon opposa le besoin qu'il avait de tous ces objets pour le service de la paroisse. Le district fit semblant de croire qu'aucun d'eux n'appartenait au Chapitre et tous furent momentanément sauvés.

Chassé de son église, comme tous les prêtres fidèles, chassé de sa cure qui devait loger un instituteur, M. Sirebon n'avait pas quitté la ville.

Il se trouva donc compris dans les soixante ecclésiastiques non assermentés dont les sans-culottes de Besançon demandèrent l'emprisonnement, le 23 août 1792. Trois de ses vicaires, MM. Bard, Pone et Munier partagèrent avec lui cet honneur.

Il parait que l'ordre, docilement donné par les autorités compétentes, ne fut pas assez vite exécuté : M. Sirebon eut le temps de fuir avec ses deux frères et, cinq jours plus tard, on les signalait comme émigrés.

Ils rentrèrent en France pendant l'apaisement qui précéda le coup d'Etat du 18 fructidor (1797) et à la faveur de la loi qui rappelait les prêtres exilés. Mais la nouvelle municipalité terroriste installée à Besançon ne leur inspira guère de confiance, et leur fit prévoir une transportation prochaine à la Guyane. Ils s'exilèrent une seconde fois.

Nous ne retrouvons leurs traces que dans

la dénonciation suivante faite le 13 août 1799, par J.-B. Clerc, commissaire à Rurey :« Sirebon, prêtre rebelle, fait toujours de temps à autre des fonctions secrètes, le plus souvent dans les forêts et pendant la nuit, surtout pour les baptêmes, et on ne peut s'assurer, par aucun citoyen, de la marche qu'il suit ordinairement. »

On ne voit pas clairement si M. Sirebon, aîné, était revenu avec son frère, mais on sait que, dans le même temps, on disait habituellement la messe au second étage de la maison portant le numéro 1052, dans la rue de Chartres.

En 1802, l'ancien curé de la Madeleine fut nommé à Baume, où il mourut saintement, après douze ans de ministère.

Le clergé de la Madeleine pendant la Révolution.— Signalons en passant le vicaire Paillard qui eut le triste courage de se substituer au Chapitre et à la cure. Il assistait à la prétendue reconnaissance du Saint-Suaire de la cathédrale et ne fut pas des moins empressés à outrager cette relique. Il ne garda pas longtemps le titre de curé dont il était notoirement indigne; cependant, il en exerçait encore les fonctions en 1794. Le 6 janvier, comme il était à l'autel, quatre officiers de volontaires l'en chassèrent, le sabre à la main, et lui firent plus de peur que de mal. Ils ne voulaient que rire et blasphémer. Quelque temps après, Paillard, qui s'était montré dans les fêtes les plus impies, reniait sa foi et au-

tant que possible, son caractère sacer-
dotal.

Dès 1791, l'évêque constitutionnel Seguin
donnait des successeurs aux prêtres fidèles
considérés comme démissionnaires par le département. Un simulacre d'élection, le 18 septembre, avait confirmé ses choix et envoyé
à Sainte-Madeleine les capucins Tuaillon,
Rainguel et Chauvier avec le carme Bille-
baud. Les deux derniers n'ont pas laissé trace
de leur passage; Rainguel, le 16 avril 1794,
prêtait serment en qualité de secrétaire du
comité révolutionnaire de Besançon, renon-
çait à ses fonctions et, déposant ses lettres
de prêtrise sur l'autel de la Raison, promet-
tait de ne suivre désormais que la morale
républicaine. M. Tuaillon restait seul de cette
promotion très peu canonique. On lui adjoi-
gnit de nouveaux collaborateurs : les capucins Joignerey et Jacquet, avec le dominicain
Sergent (1). Tous étaient assermentés; tous
ont juré, le 14 septembre 1797, devant les
membres de l'administration municipale et le
commissaire du Directoire, haine à la royauté.

Homme d'esprit borné, mais de mœurs
irréprochables, M. Tuaillon s'efforçait de con-
cilier ou de séparer ce qu'il croyait être ses
obligations civiques et ses devoirs religieux.
Lui demandait-on un acte franchement im-

---

(1) Si on ajoute à ces noms ceux de MM. Robin, Phi-
lippet, Regnaud, Soye, Devillard et Pône, on a la liste
complète de tous les prêtres ayant administré les sacrements à Sainte-Madeleine pendant la Révolution.

pie, comme la profanation du Saint-Suaire, il savait se taire et s'esquiver. Les règles canoniques ne l'embarrassaient pas ; il les ignorait. Sa signature, qui se lit à toutes les pages des registres paroissiaux pendant huit ans, est suivie des titres les plus divers : *prêtre, vicaire, pasteur en chef, curé.*

Sa soumission allait au devant des moindres désirs de l'autorité civile. S'il est invité, le 4 mai 1797, à ne plus annoncer les offices au son des cloches, il répond qu'il a toutes les peines imaginables d'empêcher ses paroissiens de sonner, mais qu'il n'épargnera rien pour leur faire entendre raison.

On sait qu'aucune bassesse n'a mis le culte constitutionnel à l'abri des haines qui poursuivaient alors la religion ; la protection hypocrite qui lui fut un instant accordée était parfois poussée jusqu'à l'excès. M. Sausay en cite trois exemples ; les trois faits ont eu lieu dans l'église de la Madeleine : Un émouleur nommé Larpin fut condamné, le 7 septembre 1791, à quarante jours de prison pour avoir déposé des ordures, pendant la nuit, à la porte de l'église. L'année suivante, une fille Convers fut juridiquement réprimandée, avec dépens, pour avoir tourné le dos à l'autel, pendant l'élévation. Enfin, le papetier Blaffard fit une décade de prison pour être entré dans la même église, le chapeau sur la tête, et avoir troublé un catéchisme.

M. Tuaillon, après le concordat, fut nommé curé de Saint-Ferjeux. Il y est mort en

1819. On a gardé de lui un long et bon souvenir.

En ces temps troublés, les pratiques religieuses variaient beaucoup : le nombre des baptêmes qui avait été de 161 en 1795, s'élevait à 379 en 1798. On ne comptait cette même année, que 60 mariages. Les enterrements religieux étaient plus rares encore; les registres en constatent 60 seulement en 1799.

M. Demandre. — Au moment de la réorganisation du culte, en 1802, l'archevêque Claude Lecoz présenta des candidats pour les vingt-cinq cures du département du Doubs. M. Roy fut proposé pour celle de Sainte-Madeleine (1).

Le préfet lui donna les notes suivantes : « Roy est un homme de mérite, distingué par son attachement à la République. Il s'est élevé contre lui de fortes préventions qui existent encore, quoiqu'elles soient basées sur des faits que personne ne peut ou ne veut prouver. » Mais le ministre des cultes, Portalis, répondit : « Les préventions élevées contre le citoyen Roy subsistent toujours. Il n'aurait pas la confiance nécessaire. » Puis, le 10 décembre, il informait le préfet que l'archevêque proposait pour la Madeleine le citoyen Duchesne ou le citoyen Demandre. Sur quoi Portalis fait observer « qu'on exciterait des réclamations fondées en nommant

---

(1) M. Roy fut à Saint-Jean ce que M. Tuaillon avait été à la Madeleine. Mgr Lecoz le nomma curé de Champlitte où il est mort en 1805

à une des principales cures, Duchesne, qui est étranger, tandis qu'il resterait beaucoup de prêtres du diocèse privés de places. » C'est ainsi que M. Demandre, restant seul candidat, devint le premier curé légitime de Sainte-Madeleine, après la disparition du Chapitre et la Révolution.

Jean-Baptiste Demandre est né à Saint-Loup-sur-Semouse (Haute-Saône), le 28 octobre 1739 ; son père était maître de forges. Sa famille, originaire de Lorraine, comptait parmi les plus honorables et avait même quelques prétentions nobiliaires.

Le jeune Demandre fit ses études au collège de Dole et se destina, dès sa première jeunesse, à l'état ecclésiastique. Devenu prêtre et docteur en théologie, il débuta comme préfet des études au collège de Besançon. C'était après la dissolution de la Société de Jésus et la fermeture de toutes ses écoles. Ces mesures avaient été décrétées, en 1762, par le Parlement de Paris, après d'interminables débats et une délibération qui avaient duré seize heures. Un édit royal avait revêtu de sa sanction, en 1764, l'arrêt du Parlement. Celui de Franche-Comté n'en discuta pas moins longuement. Il résista d'abord et fit des remontrances ; on y répondit par des lettres de jussion et l'édit fut enregistré au Parlement de Besançon, le 26 janvier 1765. Des prêtres du diocèse devaient remplacer, au 1er avril suivant, les jésuites dans tous leurs collèges ; celui de Besançon fut agrégé à l'Université, tout en restant sous la surveillance du clergé et de la magistrature. Tout le personnel enseignant fut renouvelé.

Après sept ans, M. Demandre était nommé curé de Saint-Pierre et chargé de l'aumônerie des prisons. La voix du peuple est unanime à louer sa compassion pour les détenus et sa charité pour les pauvres. C'est dans l'exercice de ce ministère que la Révolution vint le prendre pour l'envoyer à l'Assemblée nationale comme député du clergé. Il n'y fut pas remarqué comme orateur, mais il travaillait volontiers dans les comités. Il s'opposa, puis consentit à la division de la province en trois départements, vota la fusion des trois ordres en l'assemblée unique des représentants du peuple, l'abolition des privilèges, et la constitution civile du clergé. Il fit, cette fois, un grand discours pour expliquer son vote, comme il écrivit une longue lettre à la municipalité de Besançon pour justifier son serment. Si le *style c'est l'homme*, on pourra juger ses fluctuations et ses défaillances. Voici le texte en résumé, il est daté du 10 janvier 1791.

« J'ai eu, Messieurs, l'honneur de vous adresser l'acte authentique de ma prestation de serment. Cette démarche a pu m'attirer des censures et peut-être des applaudissements. Je suis aussi insensible aux traits satiriques qu'aux louanges. Je ne cherche que le bien. Il peut arriver que des âmes faibles, induites en erreur, soient scandalisées de ma conduite, c'est pourquoi je me fais un devoir d'en rendre compte à mes concitoyens et surtout à mes paroissiens. S'il existe une diversité d'opinions au sujet du serment, c'est qu'il me semble qu'on n'a pas saisi le vrai point de la difficulté. L'Assemblée n'exige pas une adhésion d'opinion à ses décrets, mais qu'on s'y soumette. Elle ne veut pas ôter au Souverain Pontife son autorité..... Lorsqu'elle a décrété une nouvelle circonscription des diocèses, elle n'empêche pas que ceux qui sont chargés du soin des âmes ne prennent toutes les précautions que les règles de l'Eglise peuvent prescrire pour que cette organisation soit confirmée par l'autorité spirituelle. L'Assemblée a présumé de toutes ces formalités, mais elle ne les exclut pas. C'est ce qui a déterminé notre auguste monarque à recourir au Saint-Siège. L'établissement du presbytère n'est pas contraire aux lois de l'Eglise; il est plutôt conforme à son ancienne discipline. Quoique, selon les décrets, l'évêque soit obligé de suivre l'avis de la majorité, c'est toujours lui qui prononce..... Il n'est donc pas subordonné à son conseil..... Si le mode d'élection aux évêchés et aux cures n'est pas aussi conforme à l'ancien usage de l'Eglise qu'il pourrait l'être, les membres du clergé de l'Assemblée nationale savent bien comment les choses se sont passées..... L'Assemblée n'a prétendu faire qu'une organisation purement civile. L'adhésion des premiers pasteurs y mettrait le complément dans l'ordre spirituel. Le bien de la religion, la paix et la tranquillité de l'Etat dépendent de leur adhésion..... Nous sommes dans la cruelle alternative, ou d'exciter le trouble et d'exposer la religion en refusant le serment, ou de passer peut-être, en le prêtant, sur quelques règles de la discipline dont le maintien ne dépend pas de nous. De deux maux, il faut choisir le moindre. »

Il est vraiment difficile de plaider une mauvaise cause et ses circonstances atténuantes. La lettre de M. Demandre fut insérée au livre des délibérations de la commune, mais elle reçut d'ailleurs plus de critiques que de suffrages.

Trop timide et trop honnête pour aller jusqu'aux derniers excès, il semble toujours chercher un juste milieu et n'avoir jamais d'opinion arrêtée; il blâme autant qu'il approuve la constitution civile, et il la jure; il combat puis il justifie la vente des biens du clergé. Il trouve ainsi le moyen de ne contenter personne, n'est pas élu à la Convention et reprend la direction de sa paroisse.

En 1794, quand les révolutionnaires veulent qu'il renie son sacerdoce, il ne renonce qu'à ses fonctions pastorales; il n'en est pas moins déclaré *fanatique* et envoyé, un peu plus tard, dans les prisons de Dijon, où il est gardé pendant treize mois.

Le 29 mars 1798, (9 germinal an VI), *le*

conseil d'administration du diocèse du Doubs
invitait toutes les paroisses à élire un évêque
métropolitain. Il faut dire que ce conseil se
composait de M. Roy, dit vicaire épiscopal,
de M. Demandre et de quatre autres ecclésiastiques que le hasard avait réunis. Son
autorité, fort contestable, fut renforcée par
l'intervention de Moyse, évêque du Jura, qui
dirigea les opérations électorales dans les
montagnes, et celle d'un petit club qui prépara l'élection dans un cabaret de la place de
l'artillerie (Place Marulaz) (1). C'est dans ces
conditions que, suivant une lettre de M. Roy
aux évêques réunis à Paris, le troisième dimanche après Pâques, 29 avril 1798, l'église
du Doubs se donna un premier pasteur dans
la personne du citoyen J.-B. Demandre, curé
de Saint-Pierre, ancien membre de l'Assemblée Constituante. Le compère ajoute
que les intérêts de la patrie et ceux de l'Eglise
ont triomphé de *sa modestie* et obtenu le *sacrifice de lui-même.* Sans juger téméraire-
ment, on peut penser que le triomphe fut
facile et le sacrifice assez peu héroïque. Le
désintéressement de Moyse, en toute cette
affaire, n'a rien qui surprenne quand on sait
qu'il avait été d'abord élu métropolitain, mais
refusé par les évêques de la province.

Le 17 juin, le nouvel élu était sacré, à Saint-
Jean, par les évêques de Vesoul, Saint-Claude
et Colmar. Il crut devoir notifier sa promo-

---

(1) Sausay, *Hist. de la Persécution*, t. x, 213 et Laviron.

tion au Souverain Pontife dans un factum où les lieux communs, les erreurs et les contradictions se heurtent à toutes les lignes. Il est convaincu de *son indignité* et ne sait ce qui a pu déterminer les fidèles à l'élever à l'épiscopat. Suit l'énumération des titres et des services qui le désignaient aux électeurs, ce qui n'empêche ni *ses craintes*, ni ses *répugnances* devant un si pesant fardeau. Résigné, il tachera d'imiter les saints évêques de l'antiquité élevés *par la même voie que lui* à la plénitude du sacerdoce. Sa plume devient acerbe quand il *repousse le reproche ridicule d'intrusion* comme *une pitoyable et funeste objection.* Il veut bien reconnaître Mgr de Durfort comme évêque légitime, mais il est mort, sa place est libre, il la prend, c'est tout simple. La lettre se termine par l'inévitable protestation d'attachement au Saint-Siège et de respect pour le pape.

Tout cela semble écrit pour le public et dénote, chez un prêtre intelligent, instruit et bon, un état d'esprit difficile à définir. Le texte envoyé à Rome était en latin, c'est peut-être parce que le *latin dans les mots brave l'honnèteté.* M. Demandre, évêque, reste toujours éloigné des intempérances de langage, où la passion poussait beaucoup de prêtres assermentés. Il prêche la soumission aux lois et croit aux bienfaits de la république telle qu'elle est sous le premier consul. Il exalte Bonaparte plus qu'aucun courtisan n'a flatté Napoléon, et le vante également dans la guerre et dans la paix. Après le traité de 1801 avec l'Autriche, il emprunte le langage du prophète Isaie (II, 4) pour saluer les temps heureux où les peuples, cessant de combattre, *forgeront de leurs épées des socs de charrue, et, de leurs lances, des faux pour moissonner.*

Le 12 octobre 1801, après le deuxième concile national de Paris, M. Demandre donna sa démission; il voulait ainsi faciliter la conclusion du Concordat. Outre cette louable intention, il eut le bon goût de se démettre entre les mains du pape.

En mai 1802, il entrait au conseil de Mgr Lecoz, recevait de lui les lettres de vicaire général et la cure de Sainte-Madeleine.

Notre église lui doit un grand nombre d'objets échappés au vandalisme révolutionnaire : la chaire de saint Paul, la croix et les chandeliers du maître-autel des minimes, des stalles du Refuge et la plupart des tableaux ayant autrefois appartenu à la paroisse.

Chacun s'accorde à louer le zèle et la charité du nouveau curé. Sa fortune personnelle et la pension qu'il recevait de l'Etat, comme ancien évêque, lui permettaient d'être généreux ; il le fut jusqu'à l'imprévoyance, surtout pendant la famine de 1817. Il mourut pauvre, subitement, le 21 mars 1823, à l'âge de 84 ans. C'était presque en même temps que Mgr l'archevêque Cortois de Pressigny, nommé cardinal et décédé avant d'en avoir reçu les insignes. Cette coïncidence inspira, à quelque facétieux constitutionnel, le quatrain suivant pour louer le charitable curé :

> Deux prélats de l'Eglise
> Vont ensemble au tombeau,
> Demandre sans chemise
> Et Cortois sans chapeau.

Les admirateurs de la doctrine et des vertus du défunt voulaient placer sur son cercueil les insignes de l'épiscopat; les autorités civiles et ecclésiastiques avaient donné des ordres contraires et commandé une escorte militaire pour en assurer l'exécution; quelques désordres s'en suivirent, aussi contraires au respect dû à la mort qu'à la religion.

Plusieurs oraisons funèbres ont été prononcées, où l'hyperbole transforme en vertus les défauts mêmes du défunt. Il n'est parlé ni de l'obstination qui l'a empêché de rétracter son serment, ni de la dureté qu'il fit sentir aux prêtres fidèles revenus de l'exil; on ne vante que sa sagesse, sa fermeté et sa tolérance. C'est le juste d'Horace plutôt que le prêtre qu'on exalte. Il est facile d'en juger par les paroles suivantes, d'un jeune orateur, à l'arrivée du convoi funèbre de M. Demandre, au cimetière de Saint-Ferjeux. « Il ne nous reste qu'un vœu à faire : son corps est rentré en terre d'où il est sorti; mais puisse son âme, soufle d'une si belle vie, se répandre dans l'immensité de l'air; puisse-t-elle être respirée par les hommes et les rendre aussi vertueux que lui ! »

M. l'abbé Vieille, successeur de M. Demandre, est né à Besançon, le 25 octobre
1777. Son père était un ouvrier, il devint architecte ; son travail et son talent suffirent à
élever très honorablement une belle famille
de six enfants. Jean-Etienne, le futur curé
de la Madeleine, faisait ses études au collège
de Besançon quand tous ses maîtres furent
contraints de le quitter pour n'avoir pas
voulu prêter le serment constitutionnel. Un
peu plus tard, cette école était fermée, comme
beaucoup d'autres.

Pendant la Terreur, le jeune Vieille, employé dans les bureaux du Génie, refusa un
brevet de sous-lieutenant ; il se destinait, et
ne s'en cachait pas, à l'état ecclésiastique.
Cependant ses études littéraires étaient incomplètes, il les acheva et fit sa philosophie
chez un ancien professeur qui recevait dans
sa chambre quelques élèves. Des directeurs
du grand Séminaire avaient réuni secrète-
ment quatorze jeunes gens, à qui ils ensei-
gnaient la théologie. Sans quitter son habit
militaire, le jeune employé du Génie en sui-
vait les cours et se formait aux vertus sacer-
dotales. Il comptait parmi ses compagnons :
M. Gaume, qui devint supérieur de la Mission ;
M. Denizot, mort curé de Saint-Jean ; M.
d'Aubonne, ancien officier. Chacun vivait à
part ou dans sa famille : on ne se réunissait
qu'aux heures des leçons et, autant que possible, pour les exercices de piété.

Une parfaite régularité est restée pour M.

Vieille, une habitude dont il ne s'est jamais
départi ; elle n'est pas la seule preuve que
nous ayons de la délicatesse de sa conscience.
Il avait reçu, ainsi que son ami d'Aubonne,
les premiers ordres de Mgr Franchet de
Rans, évêque *in partibus*; au moment où ils
allaient recevoir la prètrise, Mgr Lecoz avait
pris possession du siège de Besançon. Une
cruelle anxiété arrête les deux diacres ; ils se
demandent s'ils peuvent promettre obéis-
sance à un prélat qui avait désobéi à l'Eglise
et prient le cardinal Caprara de lever leur
doute. La réponse se fait attendre, la retraite
préparatoire à l'ordination commence : elle
s'achève, les deux amis vont trouver leur
supérieur, lui déclarent qu'ils ne peuvent
vaincre leur répugnance et recevoir l'onction
sacerdotale des mains du nouvel archevèque.
A la dernière heure, une lettre du légat vient
lever leur scrupule et leur enjoindre de se
soumettre. C'était le 18 octobre 1801. Leur
soumission fut aussi sincère que l'oubli de
leur résistance : l'archevèque leur prodigua,
dans la suite, toutes les marques de son
estime.

Six mois plus tard, le culte étant réorga-
nisé, M Vieille était nommé vicaire à Saint-
François-Xavier et second aumônier du collège. Il refusa d'être le premier. En 1820, il
devenait curé de Saint-Maurice et, en 1823,
de Sainte-Madeleine.

Ses principales œuvres, outre celles qui
s'imposent dans toute paroisse, furent la

création d'une école dirigée par les Frères de la doctrine chrétienne, en 1824, et la grande mission de 1825. On a vu plus haut tout ce que M. Vieille a fait pour l'achèvement, l'ornementation et l'ameublement de l'église. Comment le bon curé trouva-t-il les sommes énormes qui ont payé de si grands travaux? Comment y a-t-il ajouté une maison de refuge pour les enfants abandonnés et tant de secours distribués à une foule de pauvres qui assiégeaient sa cure et le poursuivaient jusqu'à l'église? C'est le secret de sa charité et rien ne l'explique, sinon l'estime que l'on avait de sa haute vertu parmi les gens de bien.

La vertu de M. Vieille n'aurait pas été complète sans l'épreuve et la contradiction. Il ne lui manqua ni les soupçons injurieux, ni les attaques de la calomnie; aux plus mauvais jours de la révolution de 1830, dans une réunion qui ressemblait à un club, son nom fut honni et son presbytère marqué pour le pillage. Il n'y échappa que par l'habileté de quelques amis secrets qui obtinrent que l'exécution fût remise au lendemain; on eut le temps de l'empêcher.

M. Vieille refusa la dignité de vicaire général et la cure de la métropole, déclarant qu'il voulait mourir au milieu de ses pauvres. Il n'accepta que le camail de chanoine honoraire.

Il eut le bonheur de pouvoir travailler jusqu'à la fin de sa vie; ses forces fléchirent juste à temps pour lui donner quelques jours de repos qui furent une préparation à la mort. L'avant-veille, il était encore debout; la veille, il recevait les derniers sacrements, et quelques heures avant son dernier soupir, il demandait qu'on récitât les prières de l'agonie. « Je veux, disait-il, qu'elles soient faites pendant qu'il plaît au bon Dieu de me conserver le sentiment de mes devoirs. » Il mourut ainsi le 12 janvier 1850.

Les bonnes œuvres de toute sa vie rendaient son testament inutile. « Je n'ai, a-t-il dit, ni acquisition ni épargne. On ne trouvera, après ma mort, que les fonds nécessaires à la dépense courante de ma maison. » Ses livres et quelques meubles furent donnés en souvenirs aux personnes qu'il avait aimées.

Ses obsèques, présidées par l'archevêque, célébrées par un vicaire général, suivies par un nombreux clergé, un bataillon de la garde nationale et une foule immense, furent aussi édifiantes que solennelles. Sa mémoire demeure en bénédiction.

M. l'abbé Boillot, Marcellin, le dernier curé défunt de Sainte-Madeleine, est né à Fournet-Blancheroche, le 27 juillet 1813. Ses premières études se firent sommairement à Cerneux - Monnot, chez un bon curé de campagne qui avait ouvert, dans sa maison, une petite école. Plusieurs prêtres ont ainsi suppléé à l'insuffisance des séminaires dans les temps qui ont suivi la Révolution.

Ordonné prêtre en 1837, M. Boillot fut

successivement vicaire de Saint-Jean, curé
de Dampierre-sur-Salon, aumônier du lycée
et curé de Sainte-Madeleine. Il y arrivait en
1850, à l'âge de 37 ans. Cet avancement
rapide était justifié par l'intelligence et les
autres qualités du jeune curé; il était aussi
dans les usages du temps. Le cardinal de
Rohan l'avait introduit, il devait cesser
quand le cardinal Mathieu cesserait lui-
même d'être un jeune évêque. On avait vu
ainsi les paroisses de Saint-François-Xavier,
Saint-Maurice, Saint-Pierre et même Saint-
Jean recevoir comme curés leurs vicaires
après cinq ou six ans de ministère. M. Cart,
avait quitté le vicariat de Saint-Pierre pour
devenir vicaire général. Les circonstances
font les hommes : tous ces jeunes titulaires
ont honorablement porté leurs charges; deux
les ont déposées pour devenir, l'un, M. Cart,
évêque de Nîmes; l'autre, M. Caverot, évêque
de Saint-Dié, puis cardinal archevêque de
Lyon, primat des Gaules.

M. Boillot, le dernier nommé, est celui qui
a fourni la plus longue carrière : il est mort
à la Madeleine le 26 janvier 1894, après
44 ans de ministère dans la paroisse.

Les œuvres pastorales de M. l'abbé Boillot ont été celles de tous les curés : le gouvernement matériel de la fabrique, le soin
des malades, des enfants, etc. Il y a réussi
mieux que beaucoup d'autres, au moins tant
que la santé lui a laissé l'usage de ses forces
et de ses brillantes qualités. Il a trouvé

l'église achevée; les principaux ornements ajoutés de son temps et dont il indique les donateurs sont : les vitraux, convenables dans les rosaces, très beaux dans les fenêtres des chapelles et détestables au transept. Les grilles qui ferment les chapelles n'ont pas un mauvais aspect, mais on peut en contester l'utilité et regretter qu'elles soient en fonte. Le chemin de croix, de même métal, comme quantité d'autres objets, pourrait être plus riche; son placement original, à la base des pilastres, le rendrait plus acceptable s'il paraissait sculpté dans la pierre. Le placement de la Madeleine de Clésinger dans la baie supérieure du chœur est une idée plus heureuse, vu surtout l'impossibilité de faire une ouverture convenable dans cette portion inachevée de l'édifice.

La *Semaine Religieuse* du 3 février 1894 termine comme il suit la nécrologie du curé de la Madeleine : « M. Boillot a publié en 1889-91 deux volumes intitulés *Autobiographie*, dans lesquels il raconte une foule de détails intéressants, non-seulement sur sa personne et sa famille, mais encore sur les faits dont il a été témoin dans cette période de trois quarts de siècle.

« On peut voir, dans le second volume, les détails circonstanciés de ses œuvres pastorales. Certes, M. Boillot était *une volonté* et il le fallait bien dans un ministère aussi compliqué que celui de la paroisse de la Madeleine. Le *moi*, qui revient un peu souvent dans l'énumération qu'il fait de ses travaux, n'est que l'exagération de l'esprit d'initiative nécessaire pour accomplir des réformes utiles et pour prendre des mesures que l'on croit justes.

« Sans doute, son *Autobiographie* n'a aucune ressemblance avec celle de Saint Augustin, mais elle a le mérite de la sincérité.

« M. Boillot fut un prêtre de talent et de caractère qui aimait sa paroisse et lui était dévoué.

« Malheureusement, la maladie le tenait depuis plusieurs années dans son presbytère et séparé de ses paroissiens. Ses vicaires, malgré tout leur zèle, ne pouvaient suppléer complètement à l'absence du pasteur. Le mal s'est aggravé insensiblement tout en laissant, jusqu'au bout, au vénérable malade, la lucidité de son intelligence. Il a su sanctifier ses souffrances par la prière, la patience et la résignation chrétiennes et s'est endormi dans le Seigneur, fortifié par les sacrements de notre sainte mère l'Eglise. »

M. Boillot n'est pas responsable des deux volumes de son *autobiographie*, on l'a poussé à les écrire pour occuper les loisirs de sa vieillesse et le distraire de ses infirmités. Les souvenirs prennent dans l'esprit de certains vieillards des proportions exagérées, et plusieurs sont si sincèrement admirateurs du passé qu'ils n'y trouvent rien à reprendre. La conclusion qu'ils en tirent, sans même paraître s'en douter, est qu'ils n'ont jamais eu tort et ne se sont jamais trompés. Enfin, le vénérable curé a été victime de trois accidents qu'il n'était pas tenu d'éviter : la fortune, la maladie et la vieillesse Dans les familles même, si on accepte volontiers le premier, on se résigne malaisément aux deux autres. Le prêtre qui vit toujours un peu loin de sa famille, doit souhaiter une mort prompte, (mais non subite), dès qu'il ne peut plus rendre service.

Le curé actuel de la Madeleine (1) y est arrivé en 1894; il n'a eu , durant tout le siècle qui vient de finir, que trois prédécesseurs et le premier d'entre eux naissait en 1739. Ce n'est pas une raison pour lui de prévoir un bien long ministère. Puissent les exemples de ceux qui l'ont précédé, l'aider à porter sa charge, et leurs prières rendre moins sévère le compte qu'il en doit rendre à Dieu.

Liste chronologique de MM. les vicaires de Sainte-Madeleine

Il est parlé plus haut des prêtres qui ont exercé, à un titre quelconque, le ministère à Sainte-Madeleine pendant la Révolution; la table suivante ne comprend que ceux qui ont

---

(1) L'abbé Joseph Rossignot, né à Champlitte (Haute-Saône), le 21 novembre 1843, vicaire à Saint-Jean, 1868, aumônier de l'Ermitage, 1875, curé de Saint-Ferjeux 1879, de Sainte-Madeleine, le 15 novembre 1894. Chanoine honoraire en 1895.

été nommés régulièrement depuis le Concordat : MM.

1 MOUCHET, 1802-1811.

2 BONNEFOY (jeune), 1802-1824.

3 ARTHAUD, 1803.

4 COULOT, 1804-1823. Avant de mourir, il a
rétracté son serment constitutionnel.

5 PIDANCET, 1804-1807.

6 NICOD, 1805-1823.

7 BONNEFOY (aîné), 1806-1809.

8 DUMAIN, 1808-1812.

9 MOURET, 1813-1816.

10 CHIQUELIN, né à Courchaton (Haute-
Saône), le 30 novembre 1793; prêtre en 1819;
vicaire à Sainte-Madeleine, 1820; curé à
They, 1823; retiré à Sorans, 1854; mort le 30
mars 1856.

11 PERRIN, né à Orgelet (Jura), le 4 mai
1797; prêtre en 1820; vicaire de M. Vieille, à
Saint-Maurice, 1820; amené par lui à Sainte-
Madeleine, 1823; secrétaire du cardinal de
Rohan, 1829; protonotaire apostolique, 1831;
au noviciat des jésuites, 1833; aumônier de la
Providence, 1835; chanoine titulaire, 1846;
vicaire général, 1849; vicaire général honoraire, 1881; mort le 14 mai 1888.

12 CHARMY, né à Rioz, (Haute-Saône), le
23 avril 1799; prêtre en 1823; vicaire à
Sainte-Madeleine, 1823; curé à Mailleron-
court-Saint-Pancras, 1825; mort le 5 janvier
1861.

13 PICARD, né à Besançon, le 10 novembre

1798; prêtre en 1823 ; vicaire à Sainte-Madeleine, 1823; curé à Saint-Ferjeux, 1829; mort le 7 mai 1879.

14 Pourny, né à Pontarlier, le 31 octobre 1801 ; prêtre en 1824 ; vicaire à Sainte-Madeleine, 1825; curé à Moncey, (Doubs), 1827 ; à Marnay, 1843; mort le 23 août 1889.

15 Gouvert, né à Bretonvillers, le 28 novembre 1802 ; prêtre en 1827 ; vicaire à Sainte-Madeleine, 1827 ; aumônier du Sacré-Cœur, 1835; curé de Saint-Jean, 1847 ; chanoine titulaire, 1864; mort le 5 juin 1873.

16 Bulle, né à Nans-sous-Sainte-Anne, le 19 décembre 1800 ; prêtre en 1827 ; vicaire à Sainte-Madeleine, 1827 ; curé à Chenecey, 1830, à Avrigney, 1855; retiré à l'hôpital Saint-Jacques, 1860; mort le 26 février 1874.

17 Larrivée, né à Besançon, le 13 février 1806 ; prêtre en 1829 ; vicaire à Sainte-Madeleine, 1829; curé à Delain, 1830; mort le 10 décembre 1856.

18 Henriey, né à Guyans-Vennes, le 24 août 1806; prêtre en 1829; vicaire à Sainte-Madeleine, 1829, à Quingey, 1831 ; curé à Abbans-Dessus, 1839; mort le 10 juin 1864.

19 Bour, né à Besançon, le 25 février 1807 ; prêtre en 1830; vicaire à Sainte-Madeleine, 1830; curé à Fourg, 1836, à Cirey-les-Bellevaux, 1850, à Pouilley-les-Vignes, 1855 ; mort le 7 août 1870.

20 Laviron, né à Besançon, le 9 mai 1805 ; prêtre en 1830; vicaire à Sainte-Madeleine, 1830; aumônier de Bellevaux, 1833 ; de l'hô-

pital Saint-Jacques, 1844 ; retiré à l'hôpital, 1880 ; chanoine honoraire, 1891 ; mort le 22 août 1894.

21 VERNIER, né à Sancey, le 13 août 1801 ; prêtre en 1824 ; missionnaire de France, 1824 ; vicaire de Sainte-Madeleine, 1831 ; curé à Etalans, 1833, à Chargey-les-Gray, 1841, à Vaux-les-Prés, 1870 ; mort le 23 mai 1872.

22 CORNU, né à Villedieu-en-Fontenette, (Haute-Saône), le 23 août 1807 ; prêtre en 1832 ; vicaire à Sainte-Madeleine, 1832 ; curé à Byans, 1838, à Moffans, 1842 ; mort le 19 août 1868.

23 POURNY, né à Pontarlier, le 27 mai 1809 ; prêtre en 1833 ; vicaire à Sainte-Madeleine, 1833 ; curé à Melecey, 1837, à Amance, 1841 ; mort le 27 avril 1884.

24 SAVOUREY, né à Fallerans, le 13 février 1806 ; prêtre en 1835 ; vicaire à Sainte Madeleine, 1835 ; curé à Charmoille, 1839, à Passonfontaine, 1850, à Pierrefontaine, 1871 ; mort le 18 février 1871 (avant son installation).

25 FAIVRE, né à Corbenay, le 9 février 1813 ; prêtre en 1836 ; vicaire à Sainte-Madeleine, 1836 ; mort le 12 juillet 1840.

26 LAJOUX, né à Briaucourt, le 21 novembre 1811 ; prêtre en 1837 ; vicaire à Sainte-Madeleine, 1837 ; curé à Jussey, 1849 ; mort le 15 juin 1871.

27 MOREL DE SAINT-IMIER, né à Evreux, appelé à Besançon par Mgr Mathieu ; prêtre en 1839 ; vicaire à Sainte-Madeleine, en 1839, mort à l'archevêché, le 16 juillet 1840.

28 Boury, né à Torpes, le 28 février 1813 ; prêtre en 1838 ; vicaire à Sainte-Madeleine, 1838 ; curé à Longemaison, 1848 ; à Trévillers, 1866 ; mort le 15 décembre 1889.

29 Morel, né à Betoncourt, le 22 septembre 1814 ; prêtre en 1839 ; vicaire à Sainte-Madeleine, 1839 ; curé à Corre, 1844 ; à Saulx, 1857 ; mort le 12 mars 1890.

30 Vuitteney, né à Doubs, le 7 décembre 1814 ; prêtre en 1839 ; vicaire à Sainte-Madeleine, 1839 ; curé à Rigney, 1844 ; à Thise, 1877 ; à Chevigney-les-Vercel, 1881 ; mort le 3 janvier 1885.

31 Barthélemy, né à Saint-Marcel, le 10 août 1817 ; prêtre en 1843 ; vicaire à Sainte-Madeleine, 1843 ; curé à Vy-les-Rupt, 1848 ; à Blondefontaine, 1861 ; retiré à Jussey, 1881 ; mort le 14 juin 1882.

32 Fatelet, né à Villars-saint-Georges, le 24 décembre 1820 ; prêtre en 1844 ; vicaire à Sainte-Madeleine, 1844 ; curé à Renaucourt, 1851 ; à Hyèvre-Paroisse, 1858 ; mort le 18 juin 1896.

33 Ternant, né à Gy, le 19 septembre 1816 ; prêtre en 1842 ; vicaire à Saint-Pierre, 1842 ; à Sainte-Madeleine, 1848 ; curé à Fretigney, 1850 ; à Pesmes, 1860 ; mort le 3 novembre 1888.

34 Baudry, né à Malvillers, le 10 mars 1823 ; prêtre en 1848 ; vicaire à Sainte-Madeleine, 1848 ; curé à Chantrans, 1858 ; à Ornans, 1866 ; à Vesoul, 1869 ; chanoine honoraire, 1876 ; mort le 14 septembre 1891.

35 BESSON, né à Baume, le 5 octobre 1821 ; prêtre en 1845 ; aumônier et professeur au collège de Gray, 1845 ; vicaire à Gray, 1848, à Sainte-Madeleine, 1849 ; supérieur du collège Saint-François-Xavier, 1850 ; chanoine titulaire, 1873 ; évêque de Nîmes, 1875 ; mort le 18 novembre 1888.

36 BOUTON, né à Quers, le 12 mai 1823 ; prêtre en 1848 ; vicaire à Baume, 1848, à Sainte-Madeleine, 1850 ; curé à Nods, 1854, à Mollans, 1883 ; curé dans le diocèse de Versailles, 1886 ; à Chalezeule, 1889 ; mort le 26 mars 1895.

37 FAVERET, né à Eguilley, le 27 février 1827 ; prêtre en 1850 ; vicaire à Sainte-Madeleine, 1850 ; professeur au collège Saint-François-Xavier, 1852 ; précepteur, 1873 ; puis retiré à Mailley.

38 GROSJEAN, né à Lanans, le 28 août 1825 ; prêtre en 1848 ; vicaire à Bregille, 1848, à Sainte-Madeleine, 1851 ; retiré à Ornans, 1854 ; curé à Hautepierre, 1856, à Bretigney, 1869, à Trepot, 1879 ; mort le 13 mai 1882.

39 CACHOZ, né à Fuans, le 14 novembre 1824 ; prêtre en 1851 ; vicaire à Sainte-Madeleine, 1851 ; curé à Charquemont, 1860 ; mort le 25 mars 1889.

40 LIGIER, né à Vuillafans, (Doubs), le 26 août 1824 ; prêtre en 1852 ; vicaire à Sainte-Madeleine, 1852 ; curé à Guyans-Vennes, 1861, à Pontarlier, 1871 ; chanoine honoraire, 1880.

41 BOURDIN, né à Arçon, le 8 octobre 1830 ;

prêtre en 1854 ; vicaire à Sainte-Madeleine, 1855 ; curé à Soing, 1863 ; mort le 29 février 1884.

42 CAILLET, né à Vaite, le 17 septembre 1835 ; prêtre en 1858 ; vicaire à Sainte-Madeleine, 1858, à Vesoul, 1860 ; professeur au Séminaire d'Ornans, 1861 ; curé à Villers-sur-Port, 1864, à Velesmes, 1867, à Gy, 1876 ; mort le 5 novembre 1901.

43 HUOT, né à Mantoche, le 20 février 1826 ; prêtre en 1860 ; vicaire à Sainte-Madeleine, 1860 ; curé à Pomoy, 1868 ; mort le 4 mai 1900.

44 BOILLOT, né à Grand'Combe de Morteau, le 23 juin 1836 ; prêtre en 1860 ; vicaire à Sainte-Madeleine, 1860 ; retiré à Sainte-Madeleine, 1891 ; mort le 25 janvier 1899.

45 FUSENOT, né à Geneuille, le 23 janvier 1831 ; prêtre en 1858 ; professeur au Séminaire de Luxeuil, 1858 ; vicaire à Sainte Madeleine, 1861 ; aumônier de l'œuvre des filles domestiques, à Besançon, 1867.

46 SONET, né à Belfahy, le 14 novembre 1836 ; prêtre en 1863 ; vicaire à Sainte-Madeleine 1863 ; curé à Bourguignon-les-Morey, 1869, à Vaivre, 1884, à Ecromagny, 1899.

47 REMONAY, né à Derrière-le-Mont, le 8 mars 1834 ; prêtre en 1862 ; vicaire à Rougemont, 1862, à Vuillafans, 1864, à Sainte-Madeleine, 1867 ; curé aux Fontenelles, 1870.

48 JOLY, né à Tincey, le 23 août 1842 ; prêtre en 1867 ; étudiant à Issy, 1867 ; vicaire à Sainte-Madeleine, 1868 ; curé à Choye, 1873, à Pesmes, 1889.

49 MAUSSIRE, né à Chargey-les-Port, le 24 novembre 1843; prêtre en 1869; vicaire à Sainte-Madeleine, 1869; curé à Grand'Combe de Morteau, 1876, à Meurcourt, 1894.

50 GENET, né à Roye, le 17 avril 1846; prêtre en 1870; vicaire à Sainte-Madeleine, 1870, à Sainte-Marie en Chanois, 1876; curé au même lieu, 1877.

51 THOMET, né à Villedieu-les-Mouthe, le 8 février 1848; prêtre en 1873; vicaire à Sainte-Madeleine, 1873; curé à Cussey-sur-l'Ognon, 1882, à Marchaux, 1893, à Anteuil, 1900.

52 CABOURNOT, né à Lantenot, le 9 juin 1851; prêtre en 1876; vicaire à Sainte-Madeleine, 1876; curé à Velloreille-les-Choye, 1881; mort le 6 janvier 1885.

53 BROCART, né aux Bréseux, le 1er avril 1849; prêtre en 1874; vicaire à Grand'Combe de Morteau, 1874, à Sainte-Madeleine, 1876; curé à Derrière-le-Mont, 1883, à Trévillers, 1890.

54 VERNEY, né à La Chapelle-les-Luxeuil, le 7 septembre 1858; prêtre en 1881; vicaire à Sainte-Madeleine, 1881; curé à Villars-le-Pautel, 1888, à Conflans, 1893.

55 SEGAUD, né à Maîche, le 28 octobre 1854; prêtre en 1880; vicaire à Grand'Combe de Morteau, 1880, à Sainte-Madeleine, 1882; curé à Mont-sur-Lison, 1887, aux Hôpitaux, 1892.

56 LESCHINE, né à Arc-sous-Cicon, le 9 février 1858; prêtre en 1883; vicaire à Sainte-Madeleine, 1883; missionnaire diocésain, 1886; curé à Goux-les-Usiers, 1899.

57 RAVILLARD, né à Thurey, le 14 octobre 1856; prêtre en 1883; professeur au Séminaire d'Ornans, 1883; vicaire à Sainte-Madeleine, 1886; curé à Châtillon-le-Duc, 1888, aux Pontets, 1890, à Goux-les-Dambelin, 1890.

58 SANSEIGNE, né à Ornans, le 22 septembre 1862; prêtre en 1886; professeur au Collège Saint-François-Xavier, 1886; vicaire à Sainte-Madeleine, 1887, à Rioz, 1888; curé à Villers-le-Sec (Doubs), 1891, à Cour 1899.

59 HOUOT, né à Vellexon, le 1er novembre 1863; prêtre en 1886; professeur au Séminaire de Marnay 1886, au séminaire de Vesoul, 1887; vicaire à Sainte-Madeleine, 1888; curé à Baulay, 1895.

60 PERROT, né à Trepot, le 13 avril 1863; prêtre en 1887; vicaire à Burgille, 1887, à Sainte-Madeleine, 1888; curé à Passavant (Haute-Saône), 1896, à Mandeure 1901.

61 BELON, né à Montenois, le 29 août 1864; prêtre en 1887; vicaire à Servance, 1887, à Sainte-Madeleine, 1889; curé à Argillières, 1889, à Brussey, 1895.

62 BRETILLOT, né à Clerval, le 27 mars 1863; prêtre en 1886; vicaire à Sancey, 1886, à Levier, 1887, à Sainte-Madeleine, 1891; curé à Vaufrey, 1892.

63 MONIOT, né à Mont-le-Franois, le 14 janvier 1864; prêtre en 1889; vicaire à Arcey, 1889, à Sainte-Madeleine, 1892; curé de Noironte, 1893; aumônier du patronage central, à Besançon, 1899, des sœurs de Sainte-Claire, 1900.

64 Marmier, né à Frasne, le 24 juin 1865 ; prêtre en 1893 ; vicaire à Sainte-Madeleine, 1893.

65 Renaud, né à Battenans, le 21 août 1872 ; prêtre en 1895 ; vicaire à Sainte-Madeleine, 1895.

66 Moillot, né à Saint-Sauveur, le 25 août 1869 ; prêtre en 1895 ; professeur au Séminaire de Luxeuil, 1895 ; vicaire à Sainte-Madeleine, 1896 ; curé à Echenoz-le-Sec, 1901.

67 Jacquin, né à Boujailles, le 17 septembre 1875 ; prêtre en 1901 ; vicaire à Sainte-Madeleine 1901.

A ceux qui sont morts j'adresse ce vœu qui est, j'espère réalisé : *Mitis atque festivus Christi Jesu vobis aspectus appareat.* (1)

A ceux qui vivent : *Bene ambuletis et sit Deus in itinere vestro, et angelus ejus comitetur vobiscum.* (2)

---

(1) Légende de saint Camille, 18 juillet (Bréviaire).
(2) Tobie, ch. V, v. 21.

CHAPITRE VII

I

Liturgie, dévotions particulières, reliques, confréries, missions

Notre église tenait de son fondateur une liturgie dont les livres furent écrits avec un grand art.

La bibliothèque de Besançon possède un missel d'une beauté et d'une valeur incomparables. Il est sur vélin, compte 228 feuilles à deux colonnes. La reliure est en bois couvert de peau de chamois jaunâtre. Sur le verso de la reliure, on lit la note suivante écrite au commencement du seizième siècle : « Le missel du temps d'iver appartenant à la confrarie de Monseigneur sainct Nycolas de l'église de la Magdeleine de Besançon. » Puis, au dessus, en caractères plus récents : « La dite confrérie établie en 1290. » Le livre porte ce titre : « *Missale ad usum ecclesiæ Beatæ Magdalenæ.* »

Le texte est en lettres gothiques superbes; les majuscules, noires et rouges, sont composées de rinceaux et d'animaux fantastiques. La notation est sur le texte et les signes sont incontestablement du dixième ou onzième siècle. C'est l'avant-dernière des mod_fications importantes des signes anciens. Après s'être transformés une dernière fois dans les deux siècles suivants, ils ont disparu pour faire place aux notes du plain chant moderne. Celles de la musique sont venues plus tard. Le P. dom Joseph Pothier, dans ses mélodies grégoriennes, reproduit toute la série de ces notations, et une comparaison facile ne laisse aucun doute sur la date de notre précieux volume.

Les bénédictins de Solesmes, appelés, en 1896, pour introduire le chant grégorien au grand Séminaire, ont beaucoup admiré notre missel et en ont fait photographier une page.

On trouve, au calendrier et dans le texte, les messes de saint Desle, des saints Ferréol et Ferjeux et de l'Invention de leurs reliques, de saint Antide, de saint Colomban. Sur les feuillets de garde, en tête, sont transcrits deux actes importants. Le premier, daté du 17 août 1073, met l'église de Sainte-Madeleine sous la protection du Saint-Siège.

Notre église avait, dès le seizième siècle, un rituel qui fut renouvelé en 1620 et écrit avec beaucoup de soin par l'abbé Jean-Baptiste Fleury en 1734. Celui-ci a complété ce premier livre qui avait pour titre : *Ordinarium Ecclesiæ collegiatæ et parochialis S. M. Magdalenæ*, par un autre intitulé : *Processionale* et qu'il publia *auctoritate capituli ejusdem ecclesiæ*.

On voit encore, à la bibliothèque de la ville, un antiphonaire spécial à la Madeleine. Il est en neuf forts volumes de texte avec notes. Ce travail considérable a été payé par le chanoine Gallet, dont le nom écrit sur tous les volumes indique qu'il en conservait la propriété. Le calligraphe écrit en tête du cinquième volume : *Bisuntii pringebat Paschalis Sequeval Picardus, 1746*.

Les fonctions des chanoines et des chapelains étaient réglées par des statuts élaborés en 1484 et complétés plus tard par le cardinal de Granvelle : « *Statuta Ecclesiæ Magdalenes Bisuntinæ, edita per R. Cardinalem Granvillanum.* » (1) Ils furent renouvelés en 1631 par un vicaire général qui signe : *Jacob Brasidius*.

Tous ces livres contiennent les offices, les anniversaires, les coutumes de notre église. Beaucoup de rites s'y trouvent qui sont encore en usage aujourd'hui, spécialement pour la Semaine Sainte, la fête de Pâques, la confession, l'extrême-onction, les messes pour les défunts. Les prières des obsèques étaient beaucoup plus longues que celles que nous récitons et conformes, au moins dans leur sens, au rituel romain. Par contre, on avait coutume de donner, le Samedi Saint, la communion et même la confirmation aux enfants nouvellement baptisés. Pierre Despotots nous apprend qu'en 1608, on offrait la charité, ou pain bénit, en cette paroisse une fois en dix-huit ans, s'il n'y avait peste ou fa-

(1) Archives du département.

mine (1). L'office de Sainte-Madeleine est l'œuvre du chanoine Hugues Micheli, mort évêque de Paris le 20 juillet 1332.

Un autre chanoine-curé (1424-1466) eut l'idée plus originale que pieuse de fonder par testament la fameuse messe *Missus* qui était en usage dans nos deux cathédrales. Son nom lui vient des mots *Missus est Gabriel*, par lesquels commence l'évangile du mercredi des Quatre-Temps de l'Avent. On y représentait, selon le goût de l'époque, le mystère de l'Incarnation. Dans la chapelle de la Sainte Vierge, sur un théâtre et un prie-Dieu on plaçait une petite fille de dix à douze ans ; un enfant de chœur, à qui on adaptait des ailes, figurait l'archange ; un vieillard, représentant le Père éternel, se tenait aux galeries de l'église et quand l'évangile s'achevait, chanté par les altaristes et les enfants, il faisait descendre, avec une corde, une colombe sur la vierge. Cette cérémonie attirait à l'église plus de curieux que de dévots, et le tumulte qu'elle causait la fit supprimer en 1704.

D'autres usages du même genre, établis dans ces temps reculés, ne méritent pas d'être rappelés. Ils sont heureusement en très petit nombre.

Les prières des Quarante Heures remontent à 1474 ; elles sont dues à la piété de Jean Beaupère, professeur de théologie. Elles semblent pourtant n'avoir été complètement

(1) *Description de Besançon*. Doc. inéd. t. VII, p. 225

fondées qu'en 1786, par un ancien curé de Deluz, nommé Besuchet, docteur en théologie. Il le fit avec sa troisième sœur, en mémoire des deux autres qui étaient décédées. Un office funèbre est célébré, chaque année, dans l'octave de la Toussaint, pour les bienfaiteurs défunts de notre église ; cet usage a été établi dans la réunion capitulaire du 25 novembre 1752.

Dans beaucoup de paroisses, on se rend processionnellement au cimetière le jour de la fête des trépassés. En 1766, l'usage s'établit à Sainte-Madeleine de faire cette procession aux catacombes ; il dura jusqu'à la Révolution et disparut avec les catacombes elles-mêmes.

Le Chapitre était dispensé de se rendre en corps à la procession générale du 21 juin, à Saint-Ferjeux ; Mgr de Durfort, le 18 avril 1777, l'avait autorisé à y faire une procession particulière pendant le temps pascal.

Au siècle dernier, la liturgie bisontine a été adoptée à la Madeleine comme partout ; elle s'y est maintenue un peu plus longtemps qu'ailleurs, grâce aux opinions bien connues de M. Boillot, qui pensait y voir une *beauté gallicane*. La *dévotion spéciale* à la paroisse de la Madeleine est celle de la Passion. Cette dévotion remonte à l'origine de notre église ; on ne saurait néanmoins en fixer précisément la date. Son plus ancien objet connu est une image de la sainte Vierge qui comptait parmi les plus vénérées de la province. Voici comme en parlait, en 1643, le Père Poiré : « Au cloître de la Magdeleine, l'on voit une vieille image de la sainte Vierge qu'on nomme à cette occasion Notre-Dame du Cloître ou Notre-Dame de Pitié à cause qu'elle tient entre ses bras le Sauveur descendu de la croix ; laquelle, l'an 1624, tout le cloître ayant été brûlé, fut miraculeusement conservée, sans que le voile même qu'elle portait fût offensé, nonobstant que la niche où elle était eût été réduite en cendres, ce qui accrut merveilleusement la dévotion qu'on y avait auparavant. » On ne sait ce qu'est devenue la Vierge du cloître, mais la dévotion lui survit et toutes les chapelles de notre église sont dédiées à la Passion. L'une d'elles, appelée vulgairement du *grand Christ*, est plus fréquentée, parce qu'elle résume, pour ainsi dire, toutes les dévotions chères à la paroisse ; on y voit le Christ en croix et, debout à ses pieds, la sainte Vierge et sainte Madeleine.

On signale aussi une Notre-Dame de l'aurore (*de aurora*) mais il s'agit d'une simple chapelle qui, sans doute, n'a dû son nom qu'à son orientation. D'assez nombreuses prières y ont été fondées, surtout de 1630 à 1676.

II

Reliques et confréries

1° *Reliques*. — L'église de Sainte-Madeleine n'a jamais été bien riche en reliques; voici, dans l'ordre des temps, celles qui lui furent données :

Au quatorzième siècle, l'ancien chanoine de Sainte-Madeleine, Hugues Micheli, mort archevêque de Paris, le 20 juillet 1332, avait envoyé à Besançon deux épines ou deux portions d'épines de la Sainte Couronne, l'une pour le chapitre de Saint-Jean, l'autre pour celui de Sainte-Madeleine. C'est pour honorer ces reliques que l'office de la Sainte Couronne fut institué à Besançon et que l'usage s'en répandit dans tout le diocèse.

En juillet 1417, saint Vincent Ferrier vint prêcher à Besançon et s'y acquit une grande réputation de doctrine et de sainteté. Les dominicains de Besançon ont conservé, jusqu'à la Révolution, la chaire où il avait prêché. Après sa canonisation, le Chapitre de Sainte-Madeleine obtint un os de son bras.

Au quinzième siècle, les reliques des saints Ferréol et Ferjeux étaient renfermées dans deux châsses déposées en l'église de Saint-Jean. Le 30 mai 1421, l'archevêque Thiébaud de Rougemont en donnait une à l'abbaye de Saint-Vincent dont dépendait l'église de Saint-Ferjeux. Trois ans plus tard, comme on remplaçait, par une autre plus riche, la châsse laissée à Saint-Jean, plusieurs parcelles en furent détachées, au profit de diverses églises; une côte entière fut donnée à Sainte-Madeleine.

Notons encore la relique de la vraie croix que le chanoine-curé Pierre Donzelli fit enchâsser dans la croix de vermeil servant aux processions du Chapitre (1454).

L'histoire des reliques de saint Vernier se confond avec celle de sa confrérie. Il en est question plus bas. L'*ordinarium* de notre église parle aussi d'une relique de sainte Madeleine, qu'on avait en 1734 ; mais la provenance n'est pas indiquée et on peut douter de son authenticité. Il ne faut donc pas beaucoup en regretter la perte.

Le cardinal de Rohan a voulu la réparer en rapportant de Rome, pour en faire don à la paroisse, une autre petite relique de notre sainte patronne. Elle est exposée, sur son autel, à la vénération des fidèles, pendant l'octave de sa fête.

Toutes nos anciennes reliques ont disparu pendant la Révolution.

2° *Confréries.* — 1° De tous temps, les vignerons de Besançon ont été de fort braves gens, mais un peu turbulents. Dès le treizième siècle, les gouverneurs de la cité les tenant pour capables de *faire dissention et porter dommage à la chose publique*, leur défendaient de se réunir plus de trois ou quatre, *soit par confréries, soit pour leur labeur.*

Il ne paraît pas que cette défense ait produit grand effet.

Un abrégé de la vie de saint Vernier fut imprimé pour eux, à Dole, en 1672. Il succédait à deux autres portant les dates de 1621 et de 1635, et pensait être plus clair parce que le *langage de ce temps était bien différent*. On peut en juger par le passage suivant qui nous intéresse. Il rapporte la translation, de Baccarat à Besançon, des reliques de saint Vernier que les vignerons avaient pour patron de leur confrérie : « Si nous voulons croire ce qui s'en trouve dans les *Mémoriaux de Vessalie*, nous sçaurons que l'invincible empereur Charles-Quint... avait une fois envoyé à Besançon, un grand de la cour épris de la beauté de ce lieu et charmé de la dévotion de ses citoyens, et qui avait noué une étroite amitié avec M. Jean Chuppin, chanoine de l'église collégiale et paroissiale de Sainte-Marie-Magdelaine, fit tant, à la sollicitation dudit sieur Chuppin qui s'en était allé avec luy, et par ses prières et par son crédit, que le légat du Saint-Siège, et que l'archevêque de Trèves, Frédéric comte Palatin, Grand Maître du Sacré Empire romain et Prince Electeur, permirent que l'on donna à sa disposition, l'index ou le second doigt de la main droite, et une pièce du suaire de ce saint martyr, encore teinte de son sang, que cet illustre et dévot chanoine fit transporter à ses frais à Besançon..., où ce sacré présent fut reçu avec une joie inconcevable... ainsi que l'on le peut voir... sur une lame de cuivre qui est sur la châsse de la relique ; laquelle châsse fut faite des oblations de Messieurs les Chanoines et Chapelains... de même que des confrères de la confrérie de saint Vernier. »

Si ce style, qui est du temps de Corneille, était *bien différent* du langage parlé au commencement de son siècle, la langue française fut bien perfectionnée au temps du grand dramaturge.

Notre auteur anonyme nous apprend que saint Vernier est né au village de Wammerat, près de Baccarat, au diocèse de Trèves. Là, il se sanctifiait par la prière et le travail des mains ; il était vigneron. Sa sainteté le désigna aux ennemis de la foi qui le mirent à mort.

C'est le 25 janvier 1548 (et non au quinzième siècle comme l'indique le manuel de la confrérie) que le chanoine Chuppin reçut la précieuse relique. Elle fut déposée à Sainte-Madeleine et reconnue authentique par François Bonvalot, abbé commandataire de Luxeuil, administrateur du diocèse après l'élection de Claude de la Baume. Les vignerons célébraient la fête de saint Vernier le mardi de Quasimodo. Les offices étaient annoncés *par les petits et les gros carillons* ; un des associés offrait le pain bénit ; les reliques étaient portées en procession et la cérémonie se terminait par la bénédiction du Saint-Sacrement. Le lendemain, une messe était chantée pour les associés défunts. La confrérie, fort nombreuse, avait son conseil et autant de prieurs que de bannières.

Mais à côté de la fête religieuse, il y avait des rejouissances moins pacifiques. Deux édits de 1522 et 1523 en font comprendre l'importance et le danger : « En présence de vingt-huit vignerons, dont quatre des bannières de la Cité, Messieurs ont conclu que les vignerons ne devaient pas être plus de trois à boire ensemble, qu'ils ne devaient faire aucun rassemblement à l'occasion de leur confrérie qu'ils nomment de saint Vernier » et qu'à l'église des Jacobins où ils se rendaient, il leur était défendu « de tenir registre de leurs dévotions ; » d'autre part, on ne tolérerait pas les réunions « pour aller querre le mai au bois ni pour pourter charités par personnages déguisés (1). » M. Vaissier fait remarquer que cet édit contient une des premières mentions du culte de saint Vernier à Besançon. Il en faut conclure que la confrérie est bien antérieure à la translation des reliques. Elle existait au quinzième siècle. L'association a dû passer de l'église des Jacobins à Sainte-Madeleine quand le chanoine Chuppin y déposa ce trésor, *avec des magnificences et des cérémonies dignes de ce lieu.*

En 1576, les réjouissances des vignerons devinrent séditieuses. Pour protester contre les ordres des gouverneurs, ils allèrent en

---

(1) A. Vaissier. *La vigne et les vignerons,* page 13.

armes à la procession, et portèrent, comme étendards, des rameaux qui n'étaient pas *des oliviers*. Les chefs furent emprisonnés, mais devant les menaces de la foule, on dut les remettre en liberté. Plus tard, ils furent bannis ; plusieurs obtinrent leur grâce, soit de de l'empereur, soit des gouverneurs eux-mêmes.

La fête de saint Vernier, interrompue pendant la Révolution, fut reprise en 1804 et célébrée pour la dernière fois en 1868 ; les vignerons, devenus rares dans le quartier, ont à peu près disparu. Jusqu'à la fin, un usage s'est maintenu qu'il faut signaler en terminant. Une table de forme ancienne était placée près de la chapelle des fonts baptismaux et, sur cette table, gardée par un ou deux prieurs, se dressait une statuette de saint Vernier accompagnée de sarments à œils poussants. Un plat était rempli de vin et, durant toute la journée, femmes et enfants venaient puiser au vin bénit avec des cuillers placées à côté. (1) Cette statuette dorée de saint Vernier orne une crédence de la sacristie ; on conserve aussi le plat qui est de cuivre, et au fond duquel sont figurés, au repoussé, les vignerons israélites portant le raisin de la Terre promise.

En 1770, il s'est fondé, entre les vignerons de Sainte-Madeleine, une société de secours mutuels. L'associé malade ne recevait pas

(1) M. Vaissier. *La vigne et les vignerons*, page 33

d'argent, mais autant de journées de travail qu'il en perdait jusqu'à son complet rétablissement. En cas de mort, soixante dix journées étaient faites gratuitement à la veuve ou aux enfants, dans le courant de l'année. La récolte n'était donc jamais compromise, faute de bras. Cette association devait tenir par quelque lien à celle de saint Vernier.

Il ne reste plus de celle-ci, à Sainte-Madeleine, que des souvenirs : l'autel, le tableau et l'inscription sur marbre que les vignerons firent placer au dessus du retable en 1789 (1).

2° En 1321, la confrérie de saint Nicolas fut établie dans l'église de Sainte-Madeleine sous l'autorité de l'archevêque Vital qui lui donna des statuts rapportés dans une charte de cette église. Ainsi s'exprime Dunod dans son *Histoire de l'église de Besançon* (t. 1, p. 219). Cette confrérie ne parait pas avoir eu une grande importance, du moins, elle est oubliée depuis des siècles.

3° Il en est autrement de celle des Quatre couronnés. Ces quatre frères, qui ont souffert à Rome sous Dioclétien, avaient pour compagnons cinq autres martyrs. Ceux-ci étaient sculpteurs et ils furent condamnés pour avoir refusé de faire des idoles. Les maçons les choisirent pour patrons et ils les honoraient, avec l'Eglise, le 8 novembre. Leur fête ne fut pas interrompue, pendant la construction de notre église ; ils la célébrèrent en grande

---

(1) La confrérie de la Croix compta beaucoup d'associés, mais elle n'eut jamais son centre à Sainte-Madeleine.

pompe, en 1751, dans celle des Cordeliers. Le tableau des Quatre couronnés est dans une de nos sacristies.

4° Celui des saints Crépin et Crépinien, par François Guérin, citoyen de Besançon (1651) a été retrouvé dernièrement dans un galetas de l'église. Il a été replacé dans la chapelle qui précède la sacristie. Ce tableau, qui n'est pas sans valeur, appartenait à la confrérie des cordonniers, qui solennisaient leur fête à Sainte-Madeleine le dernier dimanche d'octobre. Cet usage a cessé vers 1880.

Les Dames de Charité

Un petit livre, devenu rare, fut imprimé à Besançon en 1781 avec ce titre : *Règlement et prières de l'Association de Notre-Dame de bonne mort à l'usage des Dames de la Charité de la paroisse de Sainte-Marie-Magdeleine de Besançon.* Voici, en résumé, comment y est relatée l'origine de cette société. « En 1692, Messire Henry Perrinot, chanoine de Sainte-Magdeleine, réunit onze dames de la paroisse, et se joignit à elles pour former une association dont l'objet fut de demander à Dieu la grâce d'une bonne mort. Une messe était célébrée chaque mois où l'on recueillait des aumônes pour les distribuer sans délai. Les noms de ces onze premières associées doivent être gardés à la reconnaissance publique ;

nous les laissons dans l'ordre d'un ancien catalogue.

1 Mademoiselle Oudette VARIN, veuve du sieur MOREL.

2 Mademoiselle Françoise LACOUR, épouse du sieur MOREL.

3 Mademoiselle Jeanne DAMONDAN, veuve du sieur DURNEZ.

4 Mademoiselle Claudine GREVILLOT, épouse du sieur CORNU.

5 Mademoiselle Laurence PHILIPPE, épouse du sieur ROY.

6 Mademoiselle Anne-Françoise FALLON, épouse du sieur PROST.

7 Mademoiselle Isabeau POTU, épouse du sieur PETITOT.

8 Mademoiselle Véronique CARREZ, épouse du sieur BALLIEZ.

9 Mademoiselle Françoise LIBRI, épouse du sieur PERRON.

10 Mademoiselle Barbe MOREL, épouse du sieur RACLE.

11 Mademoiselle Marguerite BITOT, épouse du sieur POTU.

En 1694, l'association fit deux nouvelles recrues, et, cette même année, le 10 septembre, Mgr Antoine-Pierre de Grammont, archevêque de Besançon, accordait 40 jours d'indulgences à toutes les personnes qui assisteraient aux messes mensuelles. De nouvelles dames de la paroisse s'adjoignirent aux anciennes ; elles étaient au nombre de cinquante-deux en 1707. On imprima, pour leur direction, un premier règlement qu'elles ont observé pendant tout le dix-huitième siècle. Ce règlement était imité de ceux des associations semblables déjà établies dans la plupart des villes du royaume. La plus ancienne est celle de la paroisse de Châtillon en Bresse dont saint Vincent de Paul était curé ; elle remonte à 1617. Le saint, ayant remarqué que des secours trop abondants donnés à une famille pauvre étaient inutilement dissipés, conseilla à deux dames de s'unir à quelques autres personnes pour veiller à une meilleure distribution des aumônes.

A Sainte-Madeleine, les associées se réunissaient, chaque semaine, dans la chapelle de la Sainte Vierge ; on y entendait la messe et une quête y était faite, ainsi qu'aux offices du dimanche. Une dame était désignée, qui recevait de la trésorière l'argent recueilli et en prenait une partie pour faire la soupe des pauvres malades. Les comptes étaient rendus en assemblée générale, une fois le mois, à l'issue des vêpres.

Le Souverain Pontife, Clément XI, accorda aux Dames de Charité diverses indulgences, spécialement au jour de leur principale fête qui était la Compassion de la Sainte Vierge.

La visite des malades, en compagnie d'un prêtre de la paroisse, les distributions aux indigents de pain, de viande, de bouillon et même de vêtements : telles étaient les pratiques ordinaires de l'œuvre.

Ensuite d'une entente avec la confrérie de

la Croix, et grâce aux générosités d'un de ses directeurs, un dépôt avait été établi où les indigents malades, qui ne pouvaient trouver place à l'hôpital, empruntaient une literie complète. Une Dame de Charité en avait la charge.

Enfin l'association entretenait *dans les Granges*, c'est-à-dire à la banlieue, des maîtres d'école en nombre suffisant pour instruire cent quatre vingts enfants.

Emportée par la Révolution, l'œuvre reparut en 1801, sous la direction de M. Bacoffe, curé de Notre-Dame, et s'étendit à toutes les paroisses. Celle de la Madeleine, où les pauvres sont plus nombreux, reste le quartier préféré de leur dévouement, et le plus cher à leurs souvenirs.

5° La confrérie du Saint-Sacrement est due à la piété et à la charité du chanoine Philippe. Elle fut érigée à Sainte-Madeleine en 1701 et approuvée, l'année suivante, par l'archevêque François-Joseph de Grammont. Elle solennisa, dès le début, le troisième dimanche de chaque mois par une procession à l'intérieur de l'église; on y ajouta plus tard, en 1768, une amende honorable. Ses statuts datent de 1750; plusieurs fois réimprimés depuis, ils sont encore en usage aujourd'hui. Les considérations ou prières qui les suivent, nous montrent le but principal de la confrérie : c'est « l'adoration perpétuelle... occupation sainte... hommage... bien capable d'unir... les confrères par les liens d'une charité parfaite. »

Autrefois, le jour de la Fête-Dieu, quand la procession générale arrivait dans la paroisse, le prieur, le sous-prieur et les conseillers, portant chacun un flambeau et un écusson, partaient de l'*arc triomphal du pont de la ville*, où un reposoir était dressé, et allaient au devant du Saint-Sacrement jusqu'à la rue de la Bouteille. Ils le reconduisaient de même. Cette confrérie reste nombreuse à la Madeleine ; la prière pour les morts et la sanctification des fêtes du Saint-Sacrement en seront à peu près toutes les obligations, tant que les manifestations extérieures du culte resteront interdites.

6º Les conférences des dames et des demoiselles y existent comme dans toutes les paroisses. Celle des demoiselles semble plus ancienne : on trouve, aux archives du département, la relation d'une de ses fêtes : la bénédiction du cierge le jour de la Nativité de la Sainte Vierge, en 1762. Ce fut une des grandes solennités qui suivirent l'inauguration de l'église actuelle.

7º L'archiconfrérie réparatrice des blasphèmes et de la profanation du dimanche, a été canoniquement érigée en l'église de Sainte-Madeleine, pour tout le diocèse, par Mgr Mathieu, le 20 mai 1848. Son titre indique son but. Les associés doivent s'efforcer de l'atteindre en s'abstenant de toute mauvaise parole, en sanctifiant les saints jours et plus spécialement la fête du Saint Nom de Jésus, (le deuxième dimanche après l'Epiphanie) et celle de la Trinité. Chacun doit, suivant sa condition et son influence, empêcher les profanations et les blasphèmes.

Ces obligations, après l'inscription au catalogue, ont peut-être l'inconvénient d'être facilement oubliées ; dans d'autres associations, les charges, beaucoup plus lourdes, sont si volontiers commuées, qu'il n'en reste presque rien. Les avantages ne doivent pas être beaucoup plus considérables.

III

Missions ou jubilés

La plus anciennement connue de ces manifestations religieuses à la Madeleine, remonte à 1608. Elle commença le 7 décembre. Le Souverain Pontife, Paul V, l'avait concédée pour la *manutention* de l'église. On y fit de grandes solennités et plusieurs processions générales.

Le dimanche 27 juin 1751, le jubilé de Benoît XIV fut commencé à Besançon, dans trois églises : à Sainte-Madeleine, Saint-Jean-Baptiste et Saint-Pierre. Il dura quinze jours.

Une mission fut encore essayée le 17 février 1790. Celle-ci, beaucoup moins solennelle que les précédentes, avait pour but de calmer les esprits et d'empêcher les malheurs que l'on commençait à prévoir. Elle n'a rien empêché et aucun document ne nous dit les fruits qu'elle a produits.

Au siècle passé, Besançon a eu, comme la plupart des villes, ses grandes missions ; la Madeleine en compte trois.

La première, en 1825, commença le 9 janvier pour se terminer le 27 février ; elle était donnée, pour toute la ville, dans les églises de Saint-Jean, Saint-Pierre et Sainte-Madeleine, par douze prêtres de la congrégation de l'abbé Bauzan, appelés Missionnaires de France, et six de la maison diocésaine de Beaupré. Les prédicateurs de la Madeleine furent MM. Férail, Parandier, Creveuil et Lamothe, des Missions de France ; MM. Lombard et Giros, de celles du diocèse. L'histoire de la grande mission de 1825 a été écrite, et le souvenir s'en est longtemps conservé. Voici comme en parle, après vingt-cinq ans, et pour ce qui concerne la Madeleine, Mgr Besson, alors vicaire de la paroisse : « Dès les premiers jours, une foule innombrable accourut et fit pressentir un magnifique succès. L'événement dépassa encore l'espérance. Dans les autres quartiers de la ville, la pieuse entreprise rencontrait de nombreux contradicteurs ; ici elle ne trouva guère que des amis. Il y avait dans les ouvriers, les vignerons et les laboureurs dont la paroisse est composée, quelques-unes de ces grandes qualités qui caractérisent les enfants du peuple : une droiture d'intentions qui cherche la vérité sans détour, une rectitude d'esprit qui l'accepte sans réserve, une générosité de sentiments qui l'embrasse avec reconnaissance et avec amour. On n'évaluait pas à plus de huit cents, sur douze mille, les paroissiens pour qui la mission demeura sans effet (1). »

M. Laviron nous apprend, dans son manuscrit, que les gens se pressaient, plus nombreux que jamais, sur les pas des missionnaires le jour de leur départ. Ce fut leur dernier triomphe.

M. Boillot consacre quelques pages de son *Autobiographie* (2) à la mission qu'il fit donner en 1865, encouragé qu'il était par le succès d'un petit jubilé, prêché dix auparavant, par le Père Valuy, de la Compagnie de Jésus. Voici le résumé de ce qu'il en dit :

« Mlle du Ban m'a fait parvenir un premier secours pour le jubilé de 1855 et un plus important (1,500 francs) pour la mission de 1865, à condition que j'appellerais les RR. PP. Jésuites... Une telle générosité devait provoquer la mienne. Préparer la station, m'enquérir de bons prédicateurs, répéter souvent l'annonce de la Bonne Nouvelle : tel fut l'objet de ma sollicitude.

« L'Avent de 1865 fut l'époque choisie et acceptée. La veille du premier dimanche, à une heure de l'après-midi, les missionnaires, accompagnés du clergé paroissial, descendaient Battant, au son de toutes les cloches. Toute la population était dans la rue ou aux fenê-

(1) *Vie de M. Vieille.*
(2) Tome II, pp. 182-188.

tres, et la sympathie générale électrisa nos prédicateurs qui n'avaient trouvé nulle part un tel accueil.. Le lendemain, la mission s'ouvrait à la messe... Le chef de la mission monta en chaire pour annoncer l'œuvre sainte. L'effet de ce premier sermon fut très grand, quoiqu'il dût être dépassé par celui des vêpres.

« Le Père Loudier, enfant de la paroisse, était un orateur de renom ; il avait pour collaborateurs les PP. Tournier et Escalle.

« La mission comprenait trois exercices par jour ; le matin à six heures et demie, l'après-midi à trois heures et le soir à sept heures et demie. Les exercices étaient suivis avec empressement, les confessionnaux assiégés. Pendant la dernière semaine, des réunions du soir ont été exclusivement composées d'hommes ; toute la ville s'y intéressait. Chaque soir, l'église se remplissait d'hommes venus de partout. Huit cents se sont approchés de la Sainte Table. »

La fin du siècle eut encore une mission. Elle s'ouvrit, dans toutes les églises de la ville, le 28 novembre 1897, pour se terminer à Noël. Les disciples de saint Liguori, appelés aussi Rédemptoristes, furent choisis pour la prêcher. Quatre d'entre eux se succédaient dans la chaire de la Madeleine ; ce sont les RR. PP. Mouton, Lhote, Bourgon, Delerue. L'assistance du premier jour fit prévoir un succès qui s'affirmait dès la troisième prédication du soir. Celles du matin, moins fréquentées, étaient, l'une à six heures pour les personnes dont le travail prend la journée toute entière ; l'autre à neuf heures pour les gens moins occupés. Le soir à huit heures, les trois nefs de la vaste église étaient trop étroites pour l'immense auditoire.

Si la parole sainte doit toujours avoir des contradicteurs, celle de nos missionnaires en rencontra aussi peu que possible. Certaine presse, décidée à tout blâmer, s'obstina jusqu'à la fin, à confondre les disciples de saint Liguori avec ceux de saint Ignace ; c'était pour rappeler aux pouvoirs publics quelque décret d'un autre âge contre la Société de Jésus. Ensuite on a voulu voir, dans la mission, une œuvre politique ; il a pourtant été impossible de citer un seul mot de nos prédicateurs, qui justifie cette accusation. Dans les réunions d'hommes où ils étaient, en moyenne, au nombre de huit cents, il n'a jamais été question que des vérités de la foi et des objections de l'incrédulité. Il n'a pas été fait d'allusion à la lutte scolaire ; or, après plusieurs années, certains universitaires attribuaient encore, à nos prédicateurs, la diminution du nombre des élèves dans les écoles publiques.

Dans l'ordre exclusivement religieux, la mission a fait un grand bien ; c'est tout ce que voulaient les curés de la ville et les vénérables religieux qui ont répondu à leur appel.

CHAPITRE VIII

Jacquemard

Le personnage le plus populaire du canton
Nord et même de la ville de Besançon est,
avec Barbisier, le Jacquemard de la Madeleine. Nodier a parlé, en un poétique langage,
de ses carillons joyeux, de ses sonnettes ar-
gentines et des fêtes auxquelles il appelait
nos ancêtres. Plus modeste aujourd'hui, Jacquemard n'est qu'un sonneur honoraire sur
une cloche de bois; mais cette déchéance n'a
pas jusqu'ici diminué sa réputation. Com-
mençons par sa légende, bien qu'elle soit
moins ancienne que son histoire. Elle nous
dit que Jacquemard est le nom du vigneron
qui, le premier, vit les barques qui amenaient
les Huguenots vers la tour de la Pelotte, dans
la nuit du 20 au 21 juin 1575. Il aurait sonné
ou fait sonner le tocsin, empêché la surprise
et préparé la résistance. M. l'abbé Guibard,
dans ses notices sur la Madeleine, soutient
cette opinion : « le nom de notre héros, dit-il,
était commun dans le quartier, l'histoire ne cite
aucune autre sentinelle aussi vigilante et la
légende repose sur une tradition qui n'a pas
dû commencer sans fondement. »

Dans ses *Noëls bisontins*, M. Th. Belamy
exprime en ces termes un avis contraire : « le

nom de ce personnage célèbre dans l'histoire de Battant et lieux circonvoisins n'est point un nom propre et personnel, comme les dignes bousbots se plaisent à le croire depuis de longues années, mais un terme générique et commun à tous les fonctionnaires du même rang qui trônent. de temps immémorial, sur les beffrois de nos antiques cités. » A l'appui de son sentiment, l'auteur invoque le dictionnaire de l'Académie qui écrit *Jacquemart* et le définit « une figure de fer, de plomb ou de fonte qui représente un homme armé et que l'on met quelquefois sur le haut d'une tour pour frapper les heures, avec un marteau, sur la cloche de l'horloge ».

Les horloges à roues et sonneries remontent au douzième siècle; elles sont connues dans plusieurs nations dès le treizième et ne se répandent qu'au quatorzième. Le plus ancien Jacquemard serait de cette époque. Philippe le Hardi, par vengeance, l'a enlevé à la ville de Courtrai et donné, avec son horloge, à Dijon. On l'y voit encore, à Notre-Dame. Le constructeur de « cet instrument si bel et si bon qu'on n'en a pas de pareil à cent lieues à la ronde » était un mécanicien flamand nommé *Jacques Marc*. Un autre *horologeur*, dont l'origine n'est pas connue et qui s'appelait *Jacques Aimars*, s'est acquis dans son art une certaine célébrité et partage avec son devancier la gloire d'avoir immortalisé son nom plus ou moins modifié et diversement orthographié. Si Vespuce et Colomb avaient des noms aussi semblables, ils partageraient mieux la renommée qui leur vient d'Amérique !

M. Castan pense que le premier de nos Jacquemards remonte au commencement du quinzième siècle. On voit bien, au seizième, en 1541, en 1563 et en 1595, une horloge placée ou replacée à Sainte-Madeleine aux frais de la ville (1), mais il n'est pas question de sonneur. Il existait pourtant, car en 1622, il fut remplacé : « Le sculpteur Antoine Millet, de Fertans, est reçu citoyen à la seule condition de faire un nouveau Jacquemard de bois armé de plomb pour l'église de Sainte-Madeleine. (2) »

Ce second Jacquemard de bois dura un peu plus d'un siècle ; le chagrin, autant que les intempéries, a dû abréger son existence ; il fut le témoin des deux conquêtes et perdit sa nationalité. Quand les Français s'approchent et traversent, sans coup férir, les principales villes de la province, Jacquemard crie à la trahison et s'en plaint au coq de la paroisse de Gray. Ecoutons le témoignage de ce dernier :

Je sus par ma correspondance
Tout ce qu'on pratiquait en France ;
C'est Jacquemard, de Besançon,
Qui m'envoya, par son garcon,

(1) M. Castan. Notes sur l'*histoire municipale*, pp. 4, 39 et 60.
(2) Archives municipales.

Quelques mois avant la Saint Yves,
Un ample paquet de missives,
Gros extraordinairement.
Je fus saisi d'étonnement
Quand j'eus décacheté ces lettres,
Je vis le nom de tous les traitres
Qui avaient déjà conspiré
De rendre Salins, Dole et Gray. (1)

Quand les Français s'en vont, Jacquemard chante leur départ.

Que je suis transporté de joye
Si j'avais des habits de soye
Je les aurais mis aujourd'hui. (2)

« En 1745, quand on démolit la vieille église de la Madeleine ; notre héros fut tout simplement placé dans une chambre borgne attenante à l'église Saint-Pierre. Un poème *épicomique* fort curieux, la *Jacquemardade*, écrit en patois de Besançon par le conseiller Bizot, nous fait voir le vieux personnage dans ce réduit. Il y reçoit la visite d'un savetier de ses amis auquel il raconte ses infortunes... disloqué, transi, il tombe en défaillance. Mais se ranimant bientôt, saisi d'un délire prophétique, il voit briller dans l'avenir la gloire de sa réinstallation future. (3) »

(1) *Documents inédits de l'Académie de Besançon,* t. VII, p. 456.
(2) Catalogue des manuscrits à la bibliothèque de Besançon, p. 685.
(3) M. Vaissier a obtenu la réimpression de la *Jacquemardade* dans les *Mémoires* de l'Académie de Besançon. C'était ensuite d'un travail qu'il a lu dans la séance du 13 décembre 1900.

« Cette réinstallation eut lieu l'avant-veille
de Noël de l'année 1752. Jacquemard, complètement restauré, le visage frais, la moustache superbe, est ramené en grande pompe
par les paroissiens. On voyait à cheval, en
tête du cortège, messire Bizot, conseiller au
bailliage... et d'autres notables. Dans le tra-
jet, Jacquemard salue le gouverneur, le duc
de Randan, qui s'empresse de lui rendre son
salut. Il s'arrête sur la place Saint-Pierre
pour offrir ses civilités à Charles-Quint dont
la statue trônait dans la niche de la fontaine. »

« En 1761, grand tumulte à Besançon à propos de la rentrée des parlementaires ; fête de
soixante jours, ovations, mousqueteries,
danses, festins, illuminations. Jacquemard
descend pour participer aux réjouissances...
Une feuille manuscrite citée par M. Esti-
gnard (1) s'exprime ainsi : « Les comédiens
ont donné la comédie gratis à tout le public
et on y a porté Jacquemard, que l'on a placé
pendant tout le temps du spectacle sur le
théâtre dans un superbe fauteuil, où il recevait les hommages de tous les seigneurs...
MM. de Grammont, de Constable, etc. étaient
du nombre. Les étudiants, les laboureurs,
etc. (trente-trois corporations) formaient à
l'envi le torrent de l'enthousiasme populaire (2). » Par cet empressement à célébrer

<hr>

(1) *Le parlement de Franche-Comté*, t. I, p. 342
(2) *Histoire d'un vieux personnage*, par M. Montenoise,
Annales Franc-Comtoises, 1892

le retour de magistrats exilés, Jacquemard montre son ardeur à soutenir toutes les nobles causes, il devient acerbe et méchant contre les malhonnêtes gens qui ont la témérité de briguer les suffrages du peuple et d'aspirer à l'honneur de le gouverner. C'était ensuite de l'élection des officiers municipaux de 1766. La liste qui avait ses préférences fut battue et les élus n'ayant pas l'heur de lui plaire, il écrit contre eux une satire mordante sous la forme d'une annonce : « Jacquemard fera dans peu distribuer gratis aux vrais citoyens et compatriotes, la liste d'une partie des livres de sa bibliothèque, tous comiques et amusants. » Suivent les titres des ouvrages avec des noms propres qui sont fort maltraités : un tel est un concussionnaire, un autre un débauché, un troisième était aubergiste, il est devenu marquis ; beaucoup n'avaient pas un sou vaillant que leur seule signature a trouvé moyen d'enrichir. Après un siècle et demi, la lecture de ce catalogue ne serait pas encore inoffensive (1). Ceci n'est qu'une exception. D'ordinaire, Jacquemard se tient au dessus des partis ; il vit passer la Révolution et l'Empire et resta impassible dans sa haute situation.

Mais voici le 25 octobre 1814 ; il entend le canon, voit des danses, des illuminations et surtout le drapeau blanc flottant partout au milieu d'une foule immense qui acclame. C'est

(3) *Annales de Besançon*, par Grimont, t II, p. 89.

Monsieur, frère du roi, qui parcourt la France et arrive à Besançon. N'est-ce pas le cas de descendre notre vieux personnage, comme à toutes les époques mémorables de nos annales. Il le veut et s'impatiente.

> Votre doyen doit se montrer
> Au milieu de vos fêtes,
> Hâtez-vous de me préparer
> Mon jabot, mes manchettes,
> Que je sois demain
> Et de bon matin
> En état de paraître.

Le 26, sur le soir, il était conduit à la Préfecture où logeait Monsieur. On l'avait placé sur une voiture attelée de quatre chevaux blancs. A ses côtés se tenaient deux vieux vignerons vêtus à l'antique, et quatre autres étaient assis aux coins de la voiture. L'audience n'eut lieu que le lendemain et le visiteur passa la nuit dans une chambre du palais. Le moment venu, le prince paraît au milieu de sa cour. Jacquemard lui est présenté et le salue; mais il est enrhumé et c'est le fils Laviron qui parle pour lui. Il le fait en ces termes :

Moussieu lou Prince,

> Quoiqui seu bin chargie d'annas
> Pou veni vous complimenta
> Y a descendu de mai fenètre
> Pou participa ai lai fête
> Lai grande joye de Besançon
> Las cris de joye de mas vignerons

M'an pouthia ai m'haizadia
De dirigie iqui mas pas.
Daigna, y vous pri, accepta
Lou présent di bon Jaiquemas
L'ot comme moi, l'ot bin ancien,
Et di temps das vieilles chrétiens.
C'ot noute cœu que l'ou présente,
Et jarni ce n'ot pas ne mente.
Et tous nous anciens vignerons
Vourrins qui set dez fois pu bon,
Pou lou présenta ai ce prince
Qu'hounoure iqui noute province ;
Noues coeux en sont tout raijouis
Et pou vous sont tous réunis.
Y dirant tout autouot de moi
Devant lou fraire de noute roi,
Et moi y diras aivoue lieu :
Vive lou roi, vive Mousieu
Lai digne famille das Bourbons
Proutegerait mas vignerons

Vive lou Roi.

Le manuscrit du vigneron Laviron ajoute
que le prince riait aux larmes ; qu'il accepta
gracieusement une glane de raisins et une
écharpe antique.

Après cette audience,
Ou du prince éclata l'indulgence,
Le doyen en silence
Fait partir son cocher.

A son cœur est présente
De d'Artois la bonté si touchante,
Ce souvenir l'enchante,
Il rentre à son clocher.

Ainsi finit le voyage
De notre haut personnage.
En s'asseyant il s'engage,
Par un énorme juron,

Que l'on verra le Scamandre
Dans les eaux du Doubs se rendre
Avant de le voir descendre
Pour un autre qu'un Bourbon. (1)

Ce chapitre doit se terminer par le portrait vrai et ressemblant de notre Jacquemard. Il est fait comme il suit, de main de maître, par M. Montenoise, dans sa belle étude sur notre héros et l'horlogerie :

« Je voudrais vous présenter mon vieux personnage. Un de ces derniers matins, je résolus de lui faire visite. Je grimpe cent soixante dix-sept marches d'un escalier en escargot, sombre, raide, j'enjambe quelques poutres sales et je tombe épuisé dans le sanctuaire du Dieu. Là, comme tout profane qui a soulevé le voile du temple, je me sens saisi d'une terreur religieuse. Devant moi, une ombre gigantesque paraît se cramponner aux barreaux d'une immense fenêtre. Figurez-vous un vieux moule dont on aperçoit la partie creuse, la forme redoutable d'un guerrier de six pieds six pouces, portant l'épée au côté, le pot en tête, le gorgerin, les épaulières, les brassards, les pointes de coudes, la cuirasse, les cuissards et les bottes à revers, sans parler des décorations qui sont nom-

(1) Manuscrit des archives départementales.

breuses, le tout poudreux, usé, rouillé, vermoulu, percé comme une passoire. Ajoutez à cela l'expression saisissante d'une physionomie vingt fois repeinte; l'air endurci du solitaire, la maigreur de l'ascète, la moustache hérissée du grognard, le rictus sceptique du philosophe : voilà Jacquemard. »

Le portrait était plutôt vrai que flatté; il ne l'est plus aujourd'hui. En l'été de 1899, le conseil municipal a fait des réparations importantes à la toiture, aux tours et à l'horloge de l'église de Sainte-Madeleine ; Jacquemard n'a pas été oublié : retapé, peint et doré du haut en bas, il est aussi jeune que jamais. La photographie, inventée depuis son dernier voyage, a gravé ses traits; les cartes postales elles-mêmes les ont multipliés et répandus. Jacquemard entre vaillant dans le siècle qui commence.

Nous avons entendu les plaintes de Jacquemard au coq de Gray, dans les temps lointains de la conquête de Franche-Comté ; un soldat de Besançon lui montre l'espérance du côté de Belfort.

Haut perché sur ta Madeleine,
Chevauchant ta cloche d'airain,
Vieux guetteur, explore la plaine
Au loin... tout là-bas... vers le Rhin.
Observe bien ce qui s'y passe
Un matin, à travers l'espace,
Tu verras se dresser joyeux,
Le LION... dans la claire aurore.
Alors fais pétiller sonore
Ton carillon victorieux.

CHAPITRE IX

Les écoles

Les écoles de la Madeleine sont aussi anciennes que son Chapitre. Hugues Ier, qui le fonda, avait désigné un chanoine ayant le titre de *scolasticus magister* ou *rector scholarum*, qui prenait rang après le doyen et le chantre et s'adjoignait un clerc *écolâtre*. L'instruction fut ainsi donnée aux enfants du quartier dès la fin du onzième siècle... Maître Hugues Argoz, chanoine, fit la moitié des frais de premier établissement.

En 1111, l'école était dirigée par le chanoine Rainaldus que tous les documents contemporains qualifient de *savant*. Cette réputation, qui s'étendait sans doute assez loin, n'est pas autrement parvenue jusqu'à nous.

Des maisons d'éducation semblables existaient à Saint-Etienne et à Saint-Jean.

On n'y enseignait pas seulement aux jeunes gens la grammaire et le calcul, mais le chant, l'Ecriture sainte et la philosophie, d'où l'habitude d'écrire au pluriel le mot *écoles*, ainsi qu'en témoigne un titre de 1267. « *Cum magister haberet unum fructum cujusdam domus sitæ inter scholas Beatæ Mariæ Magdalenæ Bisuntinæ.* » Les enfants de chœur étaient instruits gratuitement, et ceux des élèves qui avaient de belles voix étaient admis au chœur à titre de *familiers*. Le *recteur* était amovible et au choix du Chapitre ; il entrait en charge à la Saint-Jean et en sortait l'année suivante, à la même époque. Il pouvait être réélu.

Perreciot, dans son discours à l'académie de Besançon en 1787, prétend que les élèves de son temps étaient si pauvres qu'ils mendiaient leur pain de porte en porte ; ils recevaient néanmoins et depuis longtemps des legs de personnes généreuses : on les voit figurer pour une petite somme dans le testament de Béatrix de Morteau, veuve d'Odon d'Arguel en 1264, et un nommé Berthod, de Chalèze, leur laisse, en 1359, quarante florins d'or. Ces exemples ont dû être imités.

Après quelques siècles, l'enseignement fut développé et on y ajouta les *Arts libéraux* ; en même temps, la fusion se faisait des deux écoles de Saint-Jean et de Saint-Etienne avec celle de Sainte-Madeleine qui prenait le nom d'*école générale*. Cette transformation se fit à la demande des gouverneurs et par l'autorité du pape Nicolas V. Le recteur nommé par le Chapitre fut Jean Guy, qui donna sa première leçon en septembre 1465.

Après l'établissement de l'école générale, les cours élémentaires furent maintenus ; il y resta même des internes et le local occupé par eux prit le nom de *maîtrise*. Pendant la construction de l'église, il fut question de le supprimer, par économie, mais ce projet fut bientôt abandonné et même, vingt ans après, on y faisait des réparations importantes.

A la fin du quinzième siècle, l'école générale fut, à son tour, jugée insuffisante ; le Chapitre la céda aux gouverneurs et ceux-ci la transportèrent au nord de Chamars, « où étaient anciennement les écoles entretenues des deniers publics du temps des Romains. (1) » Les nouveaux maîtres se trouvant au dessous de leur tâche, le désordre entra dans l'école avec eux ; après cent ans, il n'en était pas sorti. C'est pour cela que, le 1ᵉʳ août 1594, les vingt-huit notables et d'autres citoyens réunis en conseil, décrétèrent la cession du collège aux jésuites. Le chanoine Pierre de Soye fut un des négociateurs de cette affaire, et le Chapitre perdit ainsi le monopole de l'enseignement que lui avait reconnu la bulle de Nicolas V.

A côté du collège qui s'était un peu éloigné et de la maîtrise qui l'avait remplacé, des instituteurs libres donnaient l'enseignement privé.

Quand la Commune leur demanda le serment civique, en décembre 1791, on comptait à la Madeleine dix maîtres et onze maîtresses (2) ; sans cette tracasserie nous ne saurions pas quel personnel enseignait alors dans les paroisses ; les écoles jouissaient d'une telle liberté qu'elles n'ont pas plus laissé

(1) M Droz. *Le collège.*
(2) M. Pingaud. *Société d'Emul. 1887*, p. 209.

de traces dans les archives des fabriques que dans celles des municipalités.

Pendant la Révolution, la plupart des écoles furent fermées avec les églises et les couvents. On connaît l'inefficacité des tentatives de la Terreur et de la Convention pour réorganiser l'enseignement public. Quand la Convention, le 7 avril 1795, décréta l'envoi de représentants du peuple dans les départements pour assurer l'exécution de ses lois scolaires, le fameux Dupuis, auteur du mauvais livre intitulé *De l'origine des cultes*, fut délégué à Besançon. Il échoua dans son entreprise et se borna à décider que les bâtiments du ci-devant collège seraient affectés à l'*école centrale* et que des écoles primaires seraient ouvertes dans les ci-devant presbytères de Pierre, Marcellin, Maurice, Paul et dans un bâtiment contre l'église dite de la Madeleine. Mais ces écoles demeurèrent à peu près vides. Le procureur de la Commune de Besançon, Chazerand, s'en plaint en ces termes : « Les écoles primaires sont presque abandonnées, tandis qu'un grand nombre de classes particulières regorgent d'enfants. » Il veut parler des écoles que d'anciens maîtres avaient ouvertes après la constitution de l'an III, qui proclamait la liberté d'enseignement. Pour certaines gens de ce temps (comme du nôtre), cette liberté n'est qu'un mot : on trouva des prétextes de fermer treize écoles libres, sans rendre les autres plus prospères. Après le 18 Brumaire, des écoles privées furent ouvertes par les Dames de charité et le bureau de bienfaisance; entre autres, celle de Charmont.

L'école des beaux-arts doit être signalée ici, puisqu'elle fut créée, au dix-huitième siècle, à l'extrémité de la bannière du Bourg, près de l'église du Saint-Esprit, dans une maison appartenant à la ville et faisant partie de la paroisse de Sainte-Madeleine.

Ses premiers maîtres furent le peintre Melchior Wyrsch, originaire de la Suisse allemande et Luc Breton. Celui-ci avait obtenu, à Rome, le premier prix de sculpture. Il était rentré à Besançon en 1771.

Par l'intervention bienveillante de l'intendant du Comté de Bourgogne, Charles de Lacoré, les deux artistes obtinrent, de la municipalité, une subvention annuelle de 1,000 livres et 2.000 de l'Etat. C'est avec ces ressources qu'ils ouvrirent leur école en 1774. L'intendant donnait chaque année 150 livres pour les prix. L'architecte Lapret, de l'académie de Paris, y ajouta, en 1781, l'enseignement de son art. Rien ne resta de ces heureux commencements, pendant la période révolutionnaire.

L'école se reconstitua au commencement du dix-neuvième siècle, et, dès 1807, s'agrandit de tous les enseignements applicables aux arts et métiers. Son histoire et ses progrès ne rentrent pas dans le cadre de ce petit ouvrage, puisque la paroisse ne s'étend plus au delà du pont.

L'école normale des instituteurs, rue de la Madeleine, 6, occupe le fond d'un vaste immeuble appartenant à la ville et au département. Suivant M. Castan, cette propriété était autrefois à la famille d'Achey, puis à Gauthiot d'Ancier, qui la légua aux jésuites. Ceux-ci la vendirent, en 1636, à Prosper Ambroise de Precipiano, baron de Soye, qui commandait la citadelle, de 1668 à 1674. En 1679, l'Etat y établit une fonderie de canons. La maison, appelée longtemps l'hôtel Droz, du nom d'un de ses propriétaires, fut donnée à la ville par le dernier de ceux-ci, M. Roy, ancien négociant. né à Lods. Depuis, elle s'est agrandie d'un vaste jardin acheté de M. Prével.

L'école des instituteurs du Doubs, comme beaucoup d'autres, est née de la loi Guizot. de 1833. Elle a eu pour fondateurs le préfet, M. Tourangin ; le recteur, M. Ordinaire ; l'inspecteur, M. Damey. et enfin M. Micaud. maire de la ville. Son premier directeur fut M. Boni, elle s'ouvrit le 1ᵉʳ janvier 1837.

Suivant les volontés du donateur, M. Roy, une école primaire gratuite y est annexée ; elle occupe l'ancien local des Frères avant leur installation aux Petits Carmes de Battant.

Le personnel de l'établissement comprend : le directeur, deux professeurs de lettres et deux de sciences. L'un enseigne le travail manuel et l'autre remplit les fonctions d'économe.

Un maître et un adjoint dirigent l'école annexe. Il y a, en plus, un maître auxiliaire pour la musique ; enfin, le professeur départemental d'agriculture y vient donner des leçons.

L'école normale compte environ quarante élèves pour les trois cours.

En 1890, l'école de Montbéliard a été supprimée et ses élèves sont venus à Besançon.

Les écoles primaires libres de filles au dix-neuvième siècle sont celles dont nous devons parler d'abord, si nous voulons suivre l'ordre des dates.

En 1801, les religieuses de la Charité en ouvraient une au numéro 26 de la rue Battant. Leur maison-mère n'existait que depuis deux ans, à la rue des Martelots ; leur fondatrice, Sœur Thouret, s'y était établie avec trois compagnes, en 1799. La maison de Battant est le premier essaim de cette ruche devenue si belle et si nombreuse. Le dimanche 3 mai, on y fit la première distribution de bouillon ; c'était le commencement du fourneau économique ; l'école s'ouvrait le lendemain.

L'année suivante, le 26 septembre, l'administration confiait aux mêmes religieuses l'hospice de Bellevaux. L'école de Battant ne comptait pas moins de six classes nombreuses, quand elle fut transférée, le 1er juillet 1865, dans les bâtiments des Carmes, rue Champron.

Le couvent de la Charité avait acheté ce

vaste immeuble dans l'intention, dit-on, d'y fixer la maison-mère de la congrégation ; le cardinal Mathieu, le fit céder à la ville, au prix de 120 ou 130,000 francs, après l'abandon de ce projet. C'était un cadeau, mais on le faisait dans l'intérêt des écoles publiques qui manquaient dans le quartier. Il va s'en dire que l'intention, d'ailleurs réalisée tout de suite, était que ces écoles seraient congréganistes. Le côté qui touchait la rivière fut donné aux Sœurs qui ajoutèrent à leurs classes un fourneau économique et une pharmacie à l'usage des pauvres ; les Frères s'établirent du côté de la rue Battant. Cet arrangement parut si naturel à tout le monde, que personne n'a songé à en stipuler les conditions dans le marché. Cette omission permit, le 19 septembre 1893, de remercier les religieuses de l'asile, et le 20 janvier suivant, celles des autres classes. Elles furent, sans aucune objection possible, renvoyées de leur ancien immeuble.

La générosité des catholiques ouvrait, cette même année 1894, dans l'impasse Saint-Canat, quatre classes primaires qui reçoivent en moyenne 180 enfants, et une école maternelle qui en compte environ 160. Six religieuses s'y dévouent à l'enseignement.

Les Frères des écoles chrétiennes venus à Saint-Jean peu après le rétablissement du culte, furent appelés à Sainte-Madeleine par M. le curé Vieille, en 1824, et fort mal installés dans un appendice de l'église, sur la rue de l'Ecole. Quatre chambres délabrées abritaient 400 élèves. Le journal l'*Impartial* (20, 22, 24 juin 1843) en fait une description lamentable et qu'il faut croire exagérée. L'établissement était néanmoins communal.

Malgré l'insuffisance notoire du nombre des instituteurs, un parti se forma dans le conseil municipal, pour demander le renvoi des Frères. La commission nommée pour étudier ce projet, le condamna, au nom de la liberté des pères de famille. Cependant on supprima le traitement de deux Frères sur sept que payait la ville. L'affaire revint le 16 août 1833, en séance du conseil qui supprima le reste de l'allocation annuelle (2,240 francs). Une souscription maintint les écoles, devenues libres, jusqu'au 17 août 1835. La municipalité, qui dépensait 3,200 francs pour les 220 enfants des écoles laïques, finit par comprendre qu'il était juste de rétribuer les frères qui en instruisaient plus de 400.

Le mauvais état des locaux scolaires provoquait des plaintes nombreuses ; un nouveau conseil en tint compte ; plusieurs écoles furent améliorées et celles de la Madeleine transférées au deuxième étage de la maison Droz, dans les quatre salles où sont maintenant les classes annexées à l'école normale (1) (1846). Les Frères y sont restés jusqu'à leur translation aux Petits Carmes, en 1862. La laïcisation suivit de près la loi qui

(1) *L'indigence et la bienfaisance à Besançon*, par le docteur Druhen aîné, chap. VII.

l'autorisait. Aux vacances de Pâques, en 1881, ils furent remerciés. On n'avait rien prévu et rien ne pouvait s'improviser. Pendant trois ans, les familles du canton nord et des quartiers voisins qui tenaient aux écoles congréganistes, envoyaient leurs enfants jusqu'à Saint-Jean. Le 6 octobre 1884, elles eurent enfin la liberté d'enseignement : les Frères ouvraient, rue des Chambrettes, six classes qui furent aussitôt remplies. Elles ont aujourd'hui 250 élèves.

La salle d'asile. — La sixième classe des Sœurs de Charité, à Battant, ne comprenait que de très petits enfants ; elle ne remplissait pas, néanmoins, le but d'une véritable salle d'asile. M. de Magnoncourt, maire de la ville, eut la première idée de cette institution, et la proposa au conseil, le 10 mars 1831. Après deux ans, il fallut l'intervention du préfet pour rappeler ce projet abandonné. Il resta à l'étude, c'est-à-dire dans l'oubli, pendant deux nouvelles années et le maire n'en provoqua l'exécution que par la constitution d'une rente de 500 francs, qui devait payer les deux religieuses à qui serait confié le soin des enfants. Un local fut enfin loué rue Charmont, numéro 7, et la salle ouverte le 1er juin 1836. Elle compta bientôt 200 enfants.

On avait prévu une petite rétribution qui serait payée par les familles non indigentes (1 fr. 50 par mois); elle fut remplacée par un capital de 1,000 francs une fois donné, et un secours annuel de 500 francs promis, sa vie durant, par un riche bourgeois, M. Ployer.

La maison de Charmont était incommode, insuffisante ; on l'abandonna pour celle de Battant, où les Sœurs avaient leurs autres classes. En 1839 seulement, on ouvrit, à Saint-Jean, la seconde salle d'asile de Besançon.

Ecoles libres laïques. — A côté des écoles de sœurs et de frères, la paroisse a toujours eu des institutions du même genre aussi libres, aussi prospères et aussi chrétiennes.

Une parente de M. Vieille, Mlle Lanchy, fonda la première en 1840 et la maintint jusqu'à la mort du bon curé.

Mlle Bournut (1841-1875) et Mlle Roussey, (1860-1895) pour ne parler que des principales, ont été, pendant plus d'un demi siècle, les institutrices de nombreux enfants du quartier de Battant. Mme Coulon continue ces bons services depuis treize ans, et reçoit déjà les enfants de ses premières élèves. Une école libre laïque ne sera jamais de trop à la Madeleine ; elle répond au besoin et au désir de beaucoup de familles.

Les écoles publiques, ensevelies dans les ruines de la Révolution, se sont relevées lentement dans notre département.

Le 1er germinal an IX, le bureau de bienfaisance ouvrait quatre classes dans les rues du Saint-Esprit, Charmont, Saint-Paul et Ronchaux. Deux ans plus tard, le 29 nivose an XI, l'administration municipale votait l'établissement de onze écoles, dont six seraient dans l'intérieur de la ville et cinq dans

la banlieue. Elles n'ont peut-être existé que
sur le papier, car on n'en voit pas trace dans
les actes officiels. Celle que le bureau de bienfaisance avait établie dans la rue Ronchaux,
perdit ses élèves à l'arrivée des Frères, et fut
fermée en 1806. L'annuaire de 1812 ne donne
que le renseignement suivant : « Les écoles
primaires ne sont point encore organisées ;
on s'occupe de ce travail important. » Celui
de 1815 nous apprend qu'il y a 539 instituteurs dans le département ; il ne dit rien du
chef-lieu.

Une querelle de pédagogie nous montre,
en 1816, deux méthodes en concurrence : l'enseignement *mutuel* et le *simultané*.

Par l'enseignement *mutuel*, les élèves
s'instruisent les uns les autres, les plus forts
répétant aux plus faibles la leçon qu'ils viennent d'entendre ; on les appelle des moni-
teurs. Dans le mode *simultané*, au contraire,
les enfants, partagés en classes ou en cours,
reçoivent la leçon tous ensemble, de la
bouche du maître. La première de ces deux
méthodes était en usage dans quatre écoles
laïques, dont une de filles ; les Frères s'obsti-
naient à pratiquer l'autre. La concurrence
était surtout soutenue contre eux par l'école
de la rue du Collège, et la rumeur publique
accusait le curé de la nouvelle paroisse de
Saint-François-Xavier, de l'encourager. La
victoire resta néanmoins à l'enseignement
religieux, car, en 1830, il n'y avait plus à Besançon qu'une seule école laïque de garçons,

celle de la rue du Lycée. La lutte semblait devoir cesser, faute de combattants ; elle continua, et l'enseignement mutuel, le seul que l'on pensait pouvoir opposer aux Frères, fut ressuscité en 1831, dans d'autres quartiers. L'école laïque ne se retrouve à la Madeleine, qu'après le renvoi des Frères, en 1881. Ils furent remplacés par un directeur et sept adjoints.

Les écoles des filles de Battant, après le départ des Sœurs, furent confiées à deux directrices et huit adjointes dont cinq pour les classes primaires et trois pour l'école maternelle.

Un édifice scolaire entièrement neuf a été bâti aux extrémités de la rue d'Arènes et du quai ; il fut ouvert le 1er octobre 1883. On y voit exactement les mêmes classes et le même personnel qu'à Battant (deux directrices et huit adjointes).

L'enseignement primaire est donc actuellement donné, à la Madeleine, par trente-huit maîtres ou maîtresses (1), sans compter les six Frères de la rue des Chambrettes. Les élèves ne manquent pas d'écoles, les écoles ne manquent pas d'élèves : il y a des enfants pour chacune en nombre suffisant.

A la campagne, dans les petites localités, la liberté d'enseignement est un luxe à l'usage des riches, et une ironie pour les pauvres :

____

(1) Ecole de Battant, garçons, 8 ; annexe à l'école normale 2 (sans compter les élèves-maîtres) ; école de Battant, filles 10 ; d'Arènes, 10 ; Saint-Canat, 6 ; Coulon, 2.

ceux-ci n'ont pas le choix des maîtres, malgré l'obligation qui leur reste de faire instruire leurs enfants. Dans les centres populeux comme le nôtre, la liberté existe vraiment, la loi la permet, la charité la procure; elle sera plus complète quand elle cessera de faire peur; quand les enfants de toutes les écoles, libres ou publiques, seront tenus par les municipalités dans une égalité parfaite. Il ne s'agit pas seulement de la gratuité qui leur est acquise, mais des gratifications qu'on donne aux nécessiteux sous forme de fournitures classiques et même de vêtements. Depuis un siècle, on a planté beaucoup d'arbres de la *liberté*; quand ils auront porté leurs fruits, on comprendra peut-être mieux le *mot* et la *chose*.

CHAPITRE X

Les couvents et les hospices

1º *Les Dames de Battant*. — Un ancien almanach dit que l'abbaye de Notre-Dame de Battant fut fondée, à la Mouillère, au milieu du septième siècle par Amalgaire, duc de Bourgogne. Sa fille Adalsinde en aurait été la première abbesse. Ce monastère, ruiné et rebâti en 1226, aurait été donné aux religieuses de Citeaux. Mais les documents cités par Chifflet et quelques historiens à l'appui de cette opinion concerneraient, suivant d'autres, une institution du même genre établie à Bregille. On pense donc généralement que la prétendue restauration de 1226 fut la fondation même de l'abbaye de Battant par Jean Algrin. La première charte qui en fait mention est bien de cet archevêque et porte la date du 26 février de cette année. Elle prévoit, suivant le droit canonique, le préjudice que pourrait causer à la paroisse de Sainte-Madeleine l'ouverture d'une chapelle sur son territoire et règle, après entente avec le Chapitre, les droits et les devoirs du prêtre qui doit la desservir. Rien ne fut changé à ces dispositions, deux ans plus tard, quand, à la sollicitation de Jean Algrin devenu cardinal et évêque de Sabine, la communauté fut agrégée à l'ordre de Citeaux. Quand il fut légat du pape Grégoire IX, soit en Espagne, soit auprès de l'empereur Frédéric II, le fondateur de l'abbaye lui continua sa haute protection. Ce fut même un diplôme de Frédéric qui, en 1231, commença la dotation du monastère : il l'autorisait à construire un four dans l'enceinte de la ville, et à défricher à Chailluz des terres pour l'emploi d'une charrue.

De toutes les communautés de filles cloitrées du Comté de Bourgogne, celle de Battant était la seule dont l'abbesse fût à la nomination du souverain. Ceci explique que l'élue comptait presque toujours de nombreux quartiers de noblesse. Cependant la richesse ne venait pas en proportion des dépenses. En 1248, le pape Innocent IV accordait des indulgences aux fidèles qui, par leurs aumônes, aideraient à la construction du couvent. Des quêtes furent faites jusqu'en 1334 ; et, pour limiter la dépense, le pape Grégoire IX, sur les indications de son légat, fixait à vingt au plus, le nombre des professes. Néanmoins, pendant toute la durée du treizième siècle, tous les dons reçus furent dépensés dans les constructions. On commençait une chapelle avec une somptueuse imprudence quand Henri IV entrait en Franche-Comté. En prévision d'un siège (juillet 1595) et dans l'intérêt de la défense, tous les bâtiments furent rasés, et les religieuses logées à Jussa-Moutier. Quatre ans plus tard, les gouverneurs, sans reconnaître l'obligation de réparer des pertes subies pour le bien public, mais pour donner une marque de considération aux Dames de Battant, leur cédaient gracieusement, rue des Granges, un emplacement où elles commencèrent une nouvelle abbaye. Celle-ci garda, comme la première, le nom de la fontaine auprès de laquelle la communauté avait pris naissance.

Pendant le cours du-dix septième siècle, le monastère fut construit et son domaine augmenté par des acquisitions successives. L'église, le chœur et le dôme ne furent élevés que dans les premières années du dix-huitième. La première pierre en avait été bénite le 6 novembre 1714 par Dom Perrot, abbé général de l'ordre de saint Bernard. Vers cette époque, les cisterciennes de Besançon s'annexèrent leurs sœurs de Florimont, autre maison de leur ordre, située entre Pesmes et Pontailler. Cette dernière maison, dont les origines ne sont pas bien connues, passait pour plus ancienne que celle de Battant.

Les grandes dames qui gouvernaient notre monastère ont mal géré ses biens ; leur négligence et la prescription en ont laissé perdre beaucoup à Boussières, à Emagny, à Saint-Ferjeux et même à Besançon ; il en restait pourtant assez, en 1790, pour faire dire que l'abbaye des Dames de Battant était la *mieux rentée* de toute la ville. Elle fut vendue au profit de la nation ou plutôt de l'acquéreur qui la paya 6,500 livres, le 12 juin 1793. Son église est devenue le grand bazar. La clôture n'y était pas plus en honneur que la pauvreté ; les religieuses se croyaient à la hauteur des plus nobles chapitres et en gardaient l'indépendance.

Leurs armes, imitées de celles de la maison de Chalon étaient « d'azur à la bande d'or, chargée en chef d'un chevron de gueule renversé, avec la couronne de comte surmontée d'une crosse. »

L'armorial de 1696 en signale d'autres : « d'azur à une Notre-Dame d'or tenant son Enfant-Jésus de même sur une terrasse d'argent. »

2° *Les Cordeliers*. — Saint François vivait encore quand ses religieux vinrent à Besançon, en 1224. Le Chapitre de Sainte-Madeleine les accueillit comme celui de Saint-Jean avait reçu les Dominicains ou Jacobins : il leur donna le terrain où fut bâti leur monastère ; les riches ont contribué à cette construction par leurs aumônes, les pauvres par la main-d'œuvre.

Le couvent ainsi élevé dura cinq cents ans ; il fut rebàti en 1733. Malgré l'époque de la Renaissance, l'architecture de son église était du style du treizième siècle ; elle avait 150 pieds de long sur 50 de large, sa tour était surmontée de quatre clochetons. Elle renfermait la chapelle des Bonvalot, un grand nombre de tombeaux et de statues.

Bien qu'elle fût à l'extrémité de la paroisse et de la bannière du Bourg, mais à cause de ses dimensions, elle servit au Chapitre et à la cure pendant la construction de l'église de la Madeleine.

La confrérie des marchands, sous le vocable des saints Ferréol et Ferjeux, y avait ses réunions avant de les transporter à Saint-Pierre. Le voisinage de l'Hôtel de la Commune avait fait prendre à la municipalité l'habitude d'y faire célébrer les offices religieux demandés par elle.

Rien ne reste de cette église. L'ancien couvent est devenu le collège Saint-François-Xavier et va être le lycée de filles (3 décembre 1901). Une grande statue de la Vierge a été vénérée, pendant des siècles, au couvent des Cordeliers, et conservée jusqu'au dernier jour au Collège catholique. Cette relique, qui a moins d'élégance que de valeur, vient d'être rachetée pour l'église de la Madeleine.

3° *Les Petits Carmes*, ainsi appelés parce que leur maison était beaucoup moins considérable que celle des *Grands Carmes* à la Grand'Rue, se sont établis à Battant, en 1645. Une pieuse dame, Jeanne Papay, leur donna sa maison et assez de terrain pour bâtir leur église qui existe encore. Leur provincial en fit les plans qui sont d'ordre corinthien. Elle a trois nefs, cinq travées et, dans chacune des basses nefs, quatre chapelles latérales. Le couvent, avec ses dépendances, longeait la rue Champron jusqu'à la rivière. . Il ne comptait pourtant d'ordinaire qu'une quinzaine de prêtres et cinq frères lais. Plusieurs hommes célèbres en sont sortis : les pères Ballyet, dont l'un fut évêque de Babylone et consul de France à Bagdad, l'autre supérieur général de son ordre ; le père Elisée Copel, qui est mort en 1783, avec la réputatation d'un grand prédicateur. Il prêcha devant le roi et laissa quatre volumes de sermons.

Le monastère des Petits Carmes, ou Carmes déchaussés fut vendu, à la Révolution, comme bien national. Ses nouveaux propriétaires ont respecté la chapelle, en ce sens au moins qu'ils ne l'ont pas mutilée ; les autres constructions furent divisées en nombreux logements.

Le 23 décembre 1838, tout l'immeuble fut acquis par les religieuses de la Charité au prix de 152,000 francs. Il avait été décidé, en conseil de la communauté, sur l'avis de Mgr Mathieu, le jeune et nouvel archevêque de Besançon, que la maison-mère serait transférée de la Grand'Rue à Battant. Mais l'exécution de ce projet fut renvoyée, on ne sait pourquoi, à l'époque non encore prévue, où l'acquisition serait en grande partie payée. En attendant, on garda tous les locataires.

Ce temps fut long ; les circonstances changèrent, de nouvelles influences intervinrent et, finalement, sur l'ordre du même archevêque, la communauté céda tout l'immeuble à la ville pour y établir les principales écoles du quartier (16 juin 1862). Le prix servit à payer les maisons Chifflet et de Clermont que les religieuses venaient d'acheter.

4° *Un hospice* spécialement destiné à recevoir les pèlerins fut fondé par le Chapitre de Sainte-Madeleine, en 1182, du consentement de l'archevêque Thierri de Montfaucon, et avec la permission du Pape Luce III. Cette destination était insuffisante, et les gouverneurs intervinrent pour l'étendre à un plus grand nombre de nécessiteux. « Il y a, écrit P. Despotots, une chapelle dédiée à Monsieur Saint-Jacques, à laquelle est conjoint un hôpital fondé par la cité, où sont reçus les pauvres citoyens décrépités et malades de l'un et l'autre sexe... et nourris du bien du dit hôpital par l'ordonnance de Messieurs. Il est situé rue d'Arènes, et y demeure un sieur d'église pour assister et consoler les pauvres au besoin (1). » Le service y était fait par des domestiques à la solde et sous la surveillance des gouverneurs. La charité publique l'avait meublé et ne cessa jamais d'en entretenir le mobilier. Besançon n'eut pas d'autre hospice jusqu'à l'arrivée des hospitalières de Beaune, appelées, en 1667, par Antoine-Pierre de Grammont. Celles-ci s'établirent dans une maison louée pour elles près des Cordeliers, jusqu'à l'achèvement du splendide hôpital de Chamars, en 1707.

Le nom de Saint-Jacques est resté au nouvel hospice, bien que l'ancien ait disparu,

______

(1) *Documents inédits*, t. vii, p. 230.

dès 1676, dans les fortifications. Une statue en bois, du saint patron, a été pieusement conservée dans la famille Daclin, en sa campagne de Villorbe, près de Glamondans. Elle doit revenir à la paroisse et à l'église de la Madeleine : telles sont du moins les intentions et la promesse de la vénérable demoiselle avec qui doit s'éteindre le nom si honorablement connu des Daclin.

5° *L'hospice du Saint-Esprit.*— Les Frères hospitaliers de l'ordre du Saint-Esprit, institués à Montpellier, furent appelés à Besançon, vers l'an 1200 par Jean de Montferrand. Il leur confia la direction d'un hospice qu'il fondait à l'extrémité du quai qui a gardé leur nom. Les enfants pauvres, naturels ou légitimes, trouvés ou abandonnés y avaient asile; ils y étaient entretenus, instruits, y apprenaient un métier et n'en sortaient qu'à l'âge où ils étaient capables de gagner leur vie.

Agrandi et doté dans les siècles suivants, l'hospice du Saint-Esprit était relativement riche quand la Révolution le ruina comme tous les autres. Mais, comme la qualité spéciale de ses clients le rendait, à cette époque, plus nécessaire que jamais, on lui restitua, dès l'an V, une partie de ses biens. Il fut, comme celui des vieillards, annexé à l'hôpital Saint-Jacques, et fait partie des hospices réunis; mais il conserve ses biens propres. Communal, ou à peu près, jusqu'à la Révolution, il devint départemental sous l'Empire.

Un décret du 11 janvier 1811, en a sagement commencé la réorganisation qui a été, depuis, perfectionnée suivant les besoins et les circonstances.

6° *Bellevaux*. — Entre le quai de Strasbourg et le Petit-Battant, on aperçoit une agglomération très peu régulière de maisons dont les murs ou les cours occupent, sur les deux rues, un assez long espace : c'est l'asile départemental. Il a pris le nom de *Bellevaux*, abbaye cistercienne située près de Rioz, qui possédait là, dès le douzième siècle, une maison et un jardin. L'acquisition en avait été faite par Bernard, abbé de Bellevaux en 1176, avec l'agrément de l'archevêque Ebérard. Le pape Honorius III y autorisa l'érection d'une chapelle en 1223. Saint Pierre en était le titulaire, car son nom sert à la désigner dans tous les documents de cette époque.

Disons d'abord que Bellevaux fut successivement *l'aumône générale*, *l'hospice de Saint-Jean l'aumônier*, *une prison*, et même, pendant quelque temps, *un atelier*.

Dès 1701, le Chapitre de Sainte-Madeleine, qui avait vu son hôpital de Saint-Jacques transféré à Chamars, songea à l'établissement d'une *aumônerie générale*. Cette institution, qui naissait en même temps dans plusieurs villes de France, avait pour but de secourir, à domicile, les vrais indigents. Les chanoines achetèrent deux maisons au dessus du Petit-Battant, l'une, de Nicolas Marillier pour l'aumônerie et un asile où seraient entretenus vingt-quatre vieillards ; l'autre des religieux de Bellevaux pour enfermer les mendiants vagabonds et incorrigibles. La charité avait déjà la juste prétention de soulager la misère et l'illusion d'empêcher la mendicité. La question fut posée au conseil de l'Hôtel de ville, le 8 mai 1708 et on crut la résoudre en réglementant la distribution de secours à domicile, le soin des enfants indigents ou abandonnés, la réclusion des mendiants indignes. Des lettres patentes du roi, en date du 23 décembre 1712, nommaient les administrateurs chargés de l'exécution de ce beau programme : le vicomte mayeur, le lieutenant général, le premier échevin, les curés de la ville et l'aumônier. Un simple bureau ou une salle de réunion pouvait leur suffire. Il en était autrement de l'asile qui prit le titre de *Saint-Jean l'aumônier*. Comme il ne pouvait recevoir que 25 à 30 assistés, on loua d'abord et on finit par acheter, le 23 juin 1744, au prix de 17,000 livres, ce qui restait des maisons appartenant aux cisterciens : un pavillon sur la rue du Petit-Battant, un bâtiment sur le jardin et la chapelle. Le nombre des hospitalisés put ainsi être porté à 100. Les constructions qui étaient sur la rue menaçaient ruine ; elles furent évacuées, démolies et relevées en 1761.

Un superbe pavillon y a été ajouté, en 1865, pour loger le directeur. Enfin, en 1900 et 1901, on a refait entièrement, du côté du Petit-Battant, le quartier de la *Maternité*. C'est la seule partie de l'asile départemental qui soit quelque peu remarquable. On admire pourtant dans la chapelle, au-dessus de l'ancien retable du maître-autel, un tableau de Flajoulot. Saint Jean l'Aumônier y est représenté distribuant son bien aux pauvres, malgré les représentations de son entourage à qui il montre le ciel.

Un almanach de 1785 résume, comme il suit, les conditions des pensionnaires de l'hospice : « Les personnes âgées de l'un et l'autre sexe qui sont nées à Besançon ou y ont domicile, qui sont hors d'état de gagner leur vie par le travail, sont logées, nourries et entretenues à Saint-Jean l'Aumônier, qui est administré par le même bureau que l'aumône générale. Ce bureau s'assemble à l'Hôtel-de-ville, le vendredi à la quinzaine. » Ce texte est exact mais incomplet ; le suivant, qui est celui de M. le docteur Druhen (1) fait un portrait plus ressemblant de notre hospice au dix-huitième siècle. « Rien n'est plus diversifié que la condition des habitants de Bellevaux et que les motifs de leur séjour dans cette maison. Les mendiants et les vagabonds formaient la majorité parmi cette population bigarrée ; mais, tandis que beaucoup d'entre eux, arrêtés en flagrant délit de mendicité par les gardes de l'aumône, y étaient conduits par eux d'autorité et maintenus par jugement, plusieurs s'y présen-

____

(1) *De l'indigence et de la bienfaisance à Besançon*, p. 157.

taient d'eux-mêmes, et sollicitaient leur admission comme une faveur. On y recevait souvent, pour s'y reposer quelques jours, des ouvriers de passage... Beaucoup étaient malades et n'y entraient qu'à raison de leur âge...; on y recevait les aliénés, les épileptiques, les aveugles, les sourds, les muets... les enfants abandonnés..., de pauvres femmes chassées par leur mari... D'autres fois, c'était une maison de correction où l'on enfermait, pour un temps limité ou même à perpétuité, des criminels ou de simples délinquants. »

En résumé, il y avait là trois institutions distinctes : l'aumône générale régulièrement organisée en 1708, pour secourir les pauvres à domicile; l'hôpital de Saint-Jean l'Aumônier pour recueillir les mendiants; (déclaration royale du 18 juillet 1724) enfin le pénitencier établi en 1747 pour renfermer les vagabonds et les femmes de mauvaises mœurs. Cette confusion n'empêchait pas le soulagement de beaucoup de misères : de 1724 à 1775, M. Druhen a compté sur les registres, 25,853 entrées. Un décret de l'an III, en désignant Bellevaux comme maison spéciale de détention assurait, sans le prévoir, le recrutement du personnel pendant la Révolution : le souci des délinquants s'imposait alors à la police plus que celui des malheureux à l'assistance publique. En passant au département par décret impérial du 29 août 1809, Bellevaux reprit tous ses anciens pensionnaires : les incurables, les aliénés, les enfants abandonnés, enfin une classe de correction pour les jeunes condamnés au dessous de seize ans. En 1819, on y ajouta une école de sages-femmes.

Le gouvernement de Bellevaux se ressentit de toutes ces péripéties. Des mains des directeurs de l'aumône générale, il passa dans celles d'un entrepreneur à forfait, (1768-1810) puis d'un directeur pécuniairement moins responsable (1810-1815). Ensuite et jusqu'en 1829, l'administration fut confiée au préfet, avec l'aide d'une commission de surveillance. Les religieuses de la Charité avaient à peu près complètement le pouvoir exécutif, c'est-à-dire le service intérieur de la maison, y compris l'économat. Une commission administrative leur reprit une partie de ces attributions qui furent enfin données, en 1844, à un directeur responsable sous la surveillance d'une commission. En 1885, la direction de la nouvelle prison fut séparée, et un directeur spécial nommé à Bellevaux.

En 1856, l'asile, mieux délimité, avait repris son ancien nom de Saint-Jean l'Aumônier, et la section criminelle, entièrement séparée, finit par disparaître en 1885, après la construction de la maison d'arrêt de la Butte.

On disait au roi, en 1724, que l'emplacement de Bellevaux était des plus sains de la ville. Cette assertion a pu être contestée. Il est néanmoins remarquable que, malgré une agglomération de maladies contagieuses, aucune épidémie ne s'est jamais déclarée dans la maison. Le choléra lui-même l'a épargnée en 1854.

L'axiome connu, que l'oisiveté est la mère de tous les vices, a inspiré dès longtemps la pensée de faire travailler le personnel de Bellevaux. Une chronique ancienne nous apprend en effet que, dans la maison de ci-devant Nicolas Marillier, « a esté basti une manufacture pour des pauvres passans et y faire plusieurs sortes de métiers pour faire travailler et apprendre aux pauvres orphelins à gagner leur vie (1). » Ce louable projet a été repris, vers 1850, par l'aumônier de Bellevaux, M. l'abbé Faivre. Il donnait ses soins à deux cents détenus que la paresse achevait de corrompre. Aidé par les aumônes de quelques citoyens généreux, il leur procura des outils et ouvrit des ateliers d'horlogerie, de cordonnerie et une fabrique de limes. Plus tard, les pouvoirs publics encouragèrent son entreprise; le ministre du commerce lui envoya même une subvention. Les ateliers furent mis sous le vocable de saint Joseph, et le résultat fut satisfaisant. On peut même dire qu'il donna naissance à notre école d'horlogerie, car M. l'abbé Faivre fut consulté, quand on voulut l'établir, et un des anciens élèves de Bellevaux, M. Loriot, y devint professeur.

Le service religieux a été fait à Bellevaux par les prêtres dont les noms suivent :

(1) *Mémoires et documents inédits*, t. VII, p. 345.

1. M. Boudot, de février 1801 à janvier 1802. Il signait pour se distinguer des assermentés, *prêtre catholique romain.*

2. M. Chambel. de 1802 à novembre 1803, est appelé *prêtre missionnaire.* Il eut un vicaire qui devint son successeur ; mais ce fut après un intervalle de deux ans, rempli par le clergé de la paroisse.

3. M. Muiron (1805-1814) est le premier qui porte officiellement le titre d'aumônier. Il est mort à Bellevaux. Un autre prêtre, M. Thomassin, en fit les fonctions, après lui, et jusqu'à la nomination d'un successeur qui fut :

4. M. Sebille (août 1816-septembre 1820). Celui-ci n'était considéré que comme aumônier du dépôt de mendicité, bien qu'il fût chargé de desservir toutes les sections de l'hospice. M. Amieu fit l'intérim après lui pendant un an.

5. M. Demandre, qui fut ensuite aumônier, était un ancien capucin et avait gardé son nom de Père Firmin. Il exerça ses fonctions de septembre 1821 à juillet 1823, époque de sa mort. Pendant les cinq années suivantes, le service religieux fut mis à la charge de la cure.

6. M. Maillot le reprit, comme aumônier titulaire, en janvier 1828 et le conserva pendant deux ans. Son successeur,

7. M. Mathieu, de 1829 à 1833, était, de plus, chanoine honoraire. Il fut secondé d'abord par un aumônier militaire, M. Alberge, puis par un vicaire, M. Lorain.

8. M. Laviron, après un ministère de dix années à Bellevaux (1833-1843), passa à l'hôpital Saint-Jacques, où il remplit les mêmes fonctions pendant 37 ans. Il y vécut encore, dans une retraite bien méritée, pendant 14 ans, reçut le camail de chanoine honoraire et mourut, dans sa quatre-vingt-dixième année, le 22 août 1894. Il était aidé, d'abord, par le clergé de la Madeleine ; puis il avait eu deux vicaires : M. Faivre qui, après un court séjour à l'hôpital, revint à Bellevaux, et M. Patois.

9. M. Faivre reprit après M. Laviron le titre et les fonctions d'aumônier. Il les garda de 1844 à 1877, vit ses services reconnus par un camail de chanoine honoraire et la croix de la Légion d'honneur. Il acheva sa vie dans sa propriété de Saint-Claude, le 23 avril 1893, à l'âge de 82 ans. Il avait eu successivement, comme vicaires, MM. Mathiot (1847), Mérand (1852), Chemitguerre (1859), Hugues (1860), Henriet (1868), Richard (1870), Gillet (1875), Masson (1877).

10. M. Barthelet, qui fut aumônier de 1877 à 1879, est maintenant curé de Mont-sur-Lison.

11. M. Gousset, curé actuel de Marnay, l'a remplacé en 1879 et a desservi Bellevaux pendant dix ans.

12. M. Lesvigne continue, depuis 1889, et pour des années que son dévouement fait souhaiter longues, les mêmes services à l'asile départemental et à la prison de la Butte.

CHAPITRE XI

Les monuments

1° *Les Arènes.* — L'arène, chez les anciens, n'était que le milieu de l'amphithéâtre, l'espace libre couvert de sable (arena) où se livraient les combats. Dans les Gaules, ce nom désignait l'amphithéâtre tout entier; ses gradins, ses escaliers, ses arcades, toute l'architecture que l'on admire encore aux arènes de Nîmes ou d'Arles.

Les nôtres occupaient l'espace compris entre la rue d'Arènes, la rue Marulaz et le bastion de Canot. Suivant Chifflet, leur grand axe allait du Nord-Est au Sud-Ouest et la longueur de leur petit axe était d'environ 120 pas. Dunod prétend que leur ruine a commencé avec le cinquième siècle, lorsque les Vandales et les Alains ont assiégé notre ville; le temps, aidé par la main des hommes, en a achevé la destruction ; on y prenait les matériaux des nouvelles maisons, et l'ancienne église de Sainte-Madeleine a été construite, en grande partie, *avec cette pierre amenée de loin, et d'une éternelle durée.* Cette église n'est tombée qu'après 700 ans ; elle serait encore debout si elle avait été bâtie par les Romains.

Le P. Léopold Prost (1) a essayé de reconstituer nos arènes, après la découverte qui en fut faite en 1678. Quand on creusait les fossés des fortifications, on mit au jour cinq ou six arcades et des piliers de quatre à cinq pieds de hauteur. Ils étaient faits de grosses pierres polies comme du marbre. Aucun ciment ne les enliait. La muraille extérieure, épaisse de trois pieds, ne comprenait que des pierres carrées d'environ huit pouces de longueur sur quatre de hauteur. De cette muraille au premier rang des arcades, on mesurait six pieds, et quinze de ce premier rang au second. Les piliers étaient des monolithes de cinq pieds sur trois et éloignés de dix pieds les uns des autres. On peut ainsi conjecturer que chaque arcade avait vingt pieds de hauteur et chaque ordre vingt-quatre arcades dans son circuit. Si l'amphithéâtre était rond, il devait avoir 360 pieds de circonférence à l'intérieur, et 504 en dehors. Il en existait bien peu qui eussent d'aussi grandes dimensions.

Au commencement du dix-septième siècle, Chifflet a décrit une des arcatures de nos arènes qui servait de porte au cimetière voisin de Saint-Jacques. Elle a disparu, avec les autres débris, dans les nouveaux fossés. On n'en a sauvé que quelques-uns, trouvés au-dessus de la rue Thiémanté, et ils sont conservés au musée de la ville. Cette dernière

(1) *Histoire de Besançon* (manuscrit de la bibliothèque de la ville).

porte était tout *près de celle d'Arènes hors
des murailles*, dit Despotots (1). La chapelle
et le cimetière se trouvaient un peu plus loin,
à droite de la voie qui va maintenant au pont
de Canot, non loin de la maison des cisterciens dont deux chapelles souterraines ont
été découvertes en 1597, comme on réparait
les murailles de la Cité (2).

Citons, enfin, pour n'y pas revenir, ce passage d'un manuscrit du seizième siècle tou-
chant notre cimetière du quatorzième. « L'an
1348, il y eut grande mortalité en la Comté du
duché de Bourgogne par espécial en la cité
de Besançon de manière que les portes de la
ville estoient fermée, car ladicte maladie en
emmenoit tous sans remèd de fasson qu'au
cimetière de Sainct-Jacques l'on faisoit les
fosses si grandes qu'on les y mectoit les
huict et les dix tout pour ung coup, voires
davantage (3).

En 1885, par les soins de M. Castan, bibliothécaire de la ville et de son ami, M. l'architecte Ducat, avec le concours bienveillant
des autorités civiles et militaires, quelques
vieilles murailles romaines ont été exhumées
ainsi qu'une petite chapelle de l'ancien hôpital Saint-Jacques. Le projet était d'élever,
dans le canton Nord, un monument archéologique semblable à celui de la place Saint-

---

(1) Description de Besançon, *Mém. et Doc. inéd.* t. VII,
p. 232.
(2) *Vesuntio* p. 119.
(3) *Mém. et doc. inéd.*, t. VII, p. 254.

Jean ; des ruines païennes s'y seraient trouvées à côté de souvenirs chrétiens venant des Arènes et de l'ancien hôpital. Une dizaine de pans de murs, disposés comme les rayons d'un cercle, semblaient promettre la reconstruction de quelques gradins ; ils restent comme les ruines d'une maison abandonnée.

Rien n'a été découvert de l'ancienne chapelle de Saint-Jacques que le pape Calixte II, né à Quingey, indiquait en 1120, comme une dépendance de l'église de la Madeleine. Le petit oratoire, qui a été dégagé au milieu des décombres, fut construit en 1301, par la municipalité (1). Il va disparaître, si on ne le protège contre les injures du temps, ainsi que la crypte qu'il recouvre, les squelettes et les ossements qu'elle renferme. On y voit encore des carreaux émaillés, des briques du quatorzième siècle et quelques traces de fresques. L'art, le culte des souvenirs et celui des tombeaux demandent la conservation de ce petit monument. Deux pierres tombales, derniers restes de notre ancien cimetière, gisaient renversées, l'une sur l'autre, dans la chapelle ; elles furent sauvées de la destruction en 1899, par le commandant du bataillon du génie, caserné à Arènes ; ses sapeurs voulaient les briser pour les placer sous leurs fourneaux. Elles ont été transportées dans l'église de la Madeleine où elles sont en sûreté, et resteront comme un spécimen de la

____

(1) Société d'Emulation du Doubs, t. x, p. 134.

ciselure funéraire au quatorzième siècle.
Voici la description qu'en donne M. Castan (1):

« Sous une double arcature gothique,
deux femmes debout, vêtues de longues
robes, les mains dressées l'une contre l'autre
et tenant de grands chapelets. Au dessus de
la tête d'une des femmes est le mot *Bienvenue* ; au dessus de la tête de l'autre est
l'image d'un poisson. L'épitaphe d'encadrement est ainsi conçue : L'an de Notre-Seign
OVR. MIL. TOIS. CENZ. VINT. VIII. LE. IVEDI.
DEVANT. LA FESTE. DE. SAINT. PHILIPPE. Z. DE
SAINT. IAQUE. FVT. TRE | SSEE. BIENVENUE. DV.
MASE. LAN. MCCCXXVIII TREPASSAY. ASIBER.
FOME. QVEHENIM. BIENVENVE. VOILL. SAINT
LOR ent. »

Haut. 2 m. larg. 0^m78.

M. Castan pense que cette épitaphe désigne la sœur et la femme d'un nommé
Cuenin, dit Bienvenue. Ce dernier mot est
écrit au dessus de la tête de la première ; le
poisson, qui est au dessus de la seconde, in-
diquerait, en manière de rébus, que la femme
de Cuenin appartenait à une famille portant
le nom de Pêcheur ou de Poisson. Ces deux
femmes sont mortes en 1328.

La seconde dalle est « oblongue, haute
de 1^m07, large de 2^m20, divisée en quatre compartiments égaux, renfermant chacun, sous
un arceau gothique, une figure de face, en

(1) *Mém. de la Soc. d'Emul. du Doubs*, 5° série, t. X,
p. 135.

buste, les mains dressées l'une contre l'autre. Les deux compartiments du centre sont occupés par des portraits d'hommes qui ont la tête nue et portent un double vêtement, dont celui de dessus a des manches traînantes. Les compartiments extrêmes renferment des figures féminines voilées. Chacun des portraits est encadré par une marge destinée à recevoir l'épitaphe. Le portrait de femme qui se présente le premier à la droite du spectateur n'a pas d'épitaphe. Voici les inscriptions qui encadrent les trois autres :

† CI. GIT P(er) RENI(n)S. LI. CHI(n)S. QI. TRE-PASS. LE. XXIII. JOVR DIHOVSC. LAN. MCCCLXVIII. DEX. HAME. AMEN.

† CI. GIT. HV(m)BERS. LI. | CHINS. CIT. DE. BES. QI TREPASS. LE NVEME | IOVR DE IOI(n)G. LA(n). M CCC | LXI DON. DEX. HAIT LAME. AMEN. AMEN.

† CI. GIT BEATRIX. FEM | E HV(n)B. LE CHI(n) Q'TREPASS. LE. TRAZEME IOVR | DE. IVILLET. LAN. M CCC | XLIII. DEX. HAIT LAME. DE LEY. AMEN. »

« Ces gens, qui sont morts entre les années 1343 et 1368. appartenaient à une famille nommée Le Chien qui avait fourni des prud'hommes au corps municipal de Besançon dès les premiers temps de l'organisation régulière de la commune (1). »

2º *Le pont de Battant* est un travail romain et peut-être l'œuvre de Marc-Aurèle. L'épais-

(1) M. Castan. *Mém. de la Soc. d'Emul.* du Doubs, 5ᵉ série, t. x, p. 135.

seur des piles varie, de 5m20 à 6m50, selon leur profondeur ; des crampons de fer en retiennent les pierres à la base. Elles mesurent 11 à 12 mètres, bien que le pont n'ait eu primitivement que 4m65 de large. Il avait cinq arches, deux ont disparu sous les quais. L'une a été restaurée et rétrécie sur le chemin de halage du côté de la ville, l'autre, du côté de Battant. Les trois qui restent intactes ont 11m40, 13m10 et 11m80 d'ouverture ; 5m50 à 6 mètres d'élévation au-dessus de l'étiage.

En 1265, l'archevêque Guillaume de la Tour permit à quelques citoyens d'élever du côté des Halles, (c'est-à-dire de Battant) des constructions sur l'espace libre entre le pont et l'extrémité de ses piles ; il en fut bientôt envahi des deux côtés et sur toute sa longueur. La plupart de ces échoppes ont disparu à la fin du dix-septième siècle ; la dernière fut démolie en 1841.

M. Hyenne, dans l'étude qu'il a faite de notre pont, énumère les différentes restaurations qui l'ont conservé tel qu'il est de nos jours. En 1676, on l'élargit de douze pieds ; mais le côté de la Grande Rue, construit en bois, menace de tomber en 1729 ; on le refait en pierre. En 1761, le côté de la Madeleine donne de l'inquiétude ; il n'est pourtant réparé qu'en 1793. En deux ans, on y consacre la modique somme de 5,300 francs ; mais ces réparations continuent ou se répètent jusqu'en 1834. Enfin, de 1839 à 1843, une dépense de 54,000 francs lui donne les dimensions, l'aspect et la solidité que nous lui voyons encore. Vauban avait élevé, à l'entrée du pont, du côté de la Grande Rue, un arc de triomphe à Louis XIV. « Le rez-de-chaussée était composé de trois portiques; celui du milieu, destiné au passage des voitures, pouvait avoir 4 mètres de largeur sur 10 d'élévation et formait une espèce d'attique sans aucun ornement; les deux autres, moins larges, carrés et ornés de trophées militaires, étaient accompagnés de quatre colonnes doriques placées sur un socle. Trois fenêtres doubles et six colonnes d'ordre ionique décoraient l'étage; la fenêtre du milieu était couverte d'un front triangulaire, et les deux autres d'un demi cercle. Ce monument devait être couronné par la statue équestre de Louis XIV; mais ce projet n'a pu être réalisé. » (1) L'ouvrage, construit en pierres gélives, devint une menace pour la sûreté publique et fut démoli en 1776.

Une croix avait été érigée sur le pont; des malfaiteurs l'ont plusieurs fois brisée. Des particuliers qui l'avaient replacée en 1894 ont été poursuivis, sans doute pour avoir *détérioré* un monument public. (On peut se demander comment doit être qualifié l'acte de ceux qui l'avaient détruite). Enfin, pour arrêter toutes les tentatives dans l'un ou l'autre sens, on a fait disparaître la colonne qui la portait. La raison donnée est que cette croix

(1) *Besançon*, par Guenard, p. 53.

rappelait une guerre de religion et la défaite des huguenots en 1575. « C'est une erreur absolue, dit M. Castan (1), une croix existait sur le pont dès le treizième siècle, et rien n'indique que la municipalité l'ait réédifiée comme souvenir de sa victoire sur le protestantisme. » Elle disparut le 21 août 1792, fut rétablie et bénite par Mgr de Villefrancon, le 14 septembre 1821, et fut enlevée de nouveau pendant les travaux de l'élargissement du pont. Elle portait ces mots du psaume 126e, *Nisi Dominus custodierit civitatem, frustra vigilat qui custodit eam.* « Si le Seigneur ne protège une ville, c'est en vain que veille celui qui la garde. » M. Laviron écrit dans son journal : « Il y avait une croix sur le côté droit du pont, vers le milieu, qui y avait été placée de temps commémorial. On en a replacé une nouvelle assez jolie, de l'autre côté. Celle-ci a été édifiée, sur les instances de M. Vieille, aux frais des paroissiens, avec la permission de M. le maire, Micaud. Elle porte la date de 1841. » On se demande quel Argus a pu voir les huguenots dans cette affaire. (2)

A côté de son histoire, le pont de Battant a aussi sa légende. Sous ses arches, vers la fin d'une nuit obscure, les démons tenaient sabbat ; l'un d'eux apporte une grande nouvelle qui fait pousser des cris de joie par toute

(1) *Besançon et ses environs*, p. 392.
(2) On doit à la piété de M. Vieille, curé de Sainte-Madeleine, l'érection d'une autre croix sur les glacis de Charmont. Il l'a bénite pendant la procession des rogations, le 18 mai 1830.

l'assemblée : le pape allait donner un grand scandale qui entraînerait la ruine de l'Eglise. Dans le même moment, le saint évêque Antide passait, allant évangéliser les campagnes voisines : il avait tout entendu. Il s'arrête et, par la toute puissance du signe de la croix, il somme le prince des démons de le transporter à Rome. Il y arrive, révèle au pape les malheurs dont il va être la cause, le confesse et le convertit. (Comme le fait se passait entre 400 et 407, ce pape ne peut être que saint Anastase Ier ou saint Innocent Ier). Mais, chemin faisant, le diable cherche un moyen de se débarrasser de son fardeau et, se rappelant que le même signe de croix peut l'autoriser à fuir, il adresse au saint le distique suivant :

Signa te, signa temere me tangis et angis.
Roma tibi subito motibus ibit amor.

« Signe toi, signe toi, il est inutile que tu me charges et que tu m'étrangles ; par ces signes, Rome, ton amour, viendra tout de suite à toi. »

Sans être difficile, ni pour le choix ni pour l'arrangement des mots, il faut avoir de l'esprit en diable, et beaucoup de temps à perdre pour imaginer deux vers qui aient un sens et et qu'on puisse lire à rebours, c'est-à-dire de *droite à gauche*, aussi bien que de *gauche à droite*.

3° *Les portes.* — Le quartier d'Arènes en comptait trois ; celle qui en a gardé le nom et qui est au-dessus de la place Marulaz était la plus petite, *porta minor*. Avant la Révolution, elle avait le nom de Duras, le premier gouverneur français de la province après la conquête. Celle du milieu n'était qu'une arcade de l'amphithéâtre et s'appelait *porta antiqua* parce qu'elle était la plus ancienne. Enfin une troisième, qui était voisine de la rivière et conduisait aux arènes, en a longtemps porté le nom. Dans un document qui est au cartulaire de Sainte-Madeleine, le pape Calixte II l'appelle ainsi en 1120. Le peuple la nommait *porte de Troyes*. M. Delacroix (1) estime que c'est simplement à cause de sa direction vers la Champagne (on pouvait néanmoins y passer pour aller en Bourgogne). Chifflet (2) en donne cette raison : que la jeune noblesse de Besançon y passait pour se rendre dans les arènes et s'y exercer à l'équitation, comme autrefois les jeunes troyens, et il décrit leurs combats par les vers mêmes de Virgile.

> *Hunc morem cursus, atque hæc certamina primus*
> *Ascanius longam muris cum cingeret Albam*
> *Rettulit, et priscos docuit celebrare Latinos ;*
> *Quo puer ipse modo secum quo Troia pubes,*
> *Albani docuere suos, hinc maxima porro*
> *Accepit Roma, et patrium servavit honorem ;*
> *Troïaque nunc pueri, Troïanum dicitur agmen. (3)*

« Ces exercices, ces courses et ces combats furent rétablis par Ascagne lorsque, par ses

(1) *Mémoires de la Société d'Emulation du Doubs*, 1863.
(2) *Vesuntio*, 1re partie 119.
(3) *Enéide*, v, 598-604.

soins, Albe la Longue s'entourait de murs. C'est lui qui, le premier, apprit aux vieux Latins ces jeux où, enfant, il s'était exercé avec la jeunesse troyenne. Les Albins les apprirent aux leurs ; Rome la Grande en reçut la tradition et conserva des jeux en l'honneur des ancêtres. Aujourd'hui encore ce jeu s'appelle jeu de Troie et les enfants qui y prennent part forment ce qu'on appelle l'armée troyenne. »

L'ancienne porte de Battant était, au seizième siècle, à la place où est maintenant le bastion. La porte actuelle, ainsi que l'abaissement de la rue, date de 1868.

Celle de Charmont, appelée *porte de Chartres* dans un titre de 1307, fut longtemps désignée sous le nom de *porte de la Haute-Saône*. La dernière, qui fut démolie en 1893, était l'œuvre de Vauban.

4° *Le pilori* est un monument d'un genre tout spécial ; il n'aurait pas ici son paragraphe s'il n'avait laissé son nom, au moins dans le langage populaire, à une de nos places. Elle le garde malgré les transformations qui l'ont embellie, et la statue de Jouffroy qui est devenu officiellement son parrain.

A Paris, le pilori était une tour de pierre ; ailleurs, une charpente plus ou moins compliquée ; ici, c'était plutôt un simple carcan ou collier de fer fixé à un poteau, où certains condamnés étaient exposés aux regards du public. Ces expositions n'avaient rien qui répugnât aux mœurs de nos ancêtres : au

seizième siècle, un vigneron de la famille
bien connue des Barbisier, ayant cueilli des
raisins dans une *vigne d'autrui*, fut promené
du Rondot Saint-Quentin jusqu'aux Halles ;
on lui avait pendu des raisins autour du cou,
et il resta une heure sur un cuveau, avec cet
écriteau sur la tête : *larron de raisins* (1).
C'était un pilori improvisé.

Celui de Besançon, qui n'a disparu qu'en
1832, portait un collier de fer qu'on passait
au cou du patient ; anciennement le coupable
était attaché au poteau avec une corde. Le
25 octobre 1811, une femme convaincue d'a-
voir volé une vache, a été mise au collier de
fer et y est restée, pendant une heure, pour
le plaisir d'innombrables curieux.

De temps immémorial, les ouvriers sans
travail se tiennent sur la place du pilori ; on
y voit moins nombreux qu'autrefois ceux qui
font les travaux des champs, au temps de la
fenaison ou des moissons.

5° *Les maisons* de Besançon, et spécialement
du quartier de la Madeleine, dans les siècles
derniers, sont décrites comme il suit par M.
le Dr Ledoux (1). Après avoir fait remarquer
que le numérotage était établi sur toute la
ville, et que chaque rue ne reçut ses numéros
particuliers qu'en 1815, il ajoute : « Les maisons n'avaient qu'un ou deux étages et presque toutes avaient l'entrée des caves ouverte
et envahissante sur la voie publique. Une

(1) M. Vaissier. *La vigne et les vignerons à Besançon.*
(1) *Besançon sous le premier Empire.*

trappe en bois fermait l'escalier. La multiplicité de ces ouvertures, souvent béantes,
principalement à l'époque de la vendange,
rétrécissait considérablement l'espace libre
pour la circulation. S'il était ainsi souvent
impossible de longer les maisons, le milieu
de la chaussée présentait parfois un autre
obstacle : là, à la moindre averse coulait un
ruisseau, et un torrent impétueux à la suite
d'un orage ; de chaque maison un affluent
tombant des toits, contribuait à enfler le flot
chargé d'épaves, roulant des immondices, se
précipitant quelquefois en cataractes dans
les caves. »

« Le dessin et la gravure ont conservé le
souvenir pittoresque des vieilles maisons de
Battant et d'Arènes, dont les fondations baignaient çà et là dans la rivière. De nombreuses tanneries et des teintureries y étaient
installées, principalement en aval du pont. »

Malgré ce portrait assez peu flatté, mais
très vrai de l'ensemble, on comptait et on
compte encore dans nos rues quelques édifices remarquables. Il faut les mentionner
ici, soient qu'ils aient disparu, soit qu'ils
demeurent ou qu'ils aient été construits de
notre temps.

Peu avant sa mort, qui arriva en 1437, l'archevêque Jean de la Roche-Taillée avait fait
bâtir, à côté de l'église de Saint-Laurent,
quelque peu restaurée, les Halles de la ville.
Les principales routes venant de la campagne y aboutissaient et deux entrées, l'une

sur la rue Battant, l'autre sur la rue du Pont, y donnaient accès. Cette vaste enceinte ne fut pourtant jamais ce qu'on appelait alors *le grenier*. Le grenier de Besançon était, très anciennement, à l'Hôtel de Ville ; après la conquête, il fut transporté sur la place Labourey, dans le magnifique immeuble qui garde encore son nom et qui, construit de 1720 à 1726 sur les plans de Jean-François Charron, ne coûta pas moins de 200,000 livres. Il changea de destination après 1835, et la construction des Halles actuelles.

Celles de Battant sont devenues un simple marché à l'usage des marchands de légumes, de fromages et même, aux jours de foire, des marchands de cuir. Le vaste immeuble qui en occupe l'emplacement a été construit, avec le quai de Strasbourg, en 1864.

Un autre marché, pour la vente des fourrages, existait à Charmont en 1794. Il s'établit devant l'hôpital en 1811.

L'hôtel Saint-Paul, rue Battant, n° 11, comme la plupart de nos maisons d'une architecture plus ou moins remarquable, ne garde plus que des restes de son ancienne splendeur. Au dehors il n'en paraît plus rien. Deux cheminées, l'une à la cuisine, l'autre à la salle à manger, peuvent seules intéresser. La première est en pierres alternativement piquées et polies ; la seconde, plus riche, est ornée de figures, de guirlandes, de fleurs et de fruits. Son couronnement qui doit être très beau, se perd dans le plafond. Il serait possible de transporter ces deux objets dans un autre édifice. Ils rappelleraient les mêmes souvenirs dans un meilleur encadrement.

La maison qui porte le n° 18 de la rue Battant, servait d'asile pendant les guerres, et d'hospice en temps d'épidémie aux religieux de l'abbaye de la Charité.

Ce qui en reste de plus remarquable est une niche en pierre merveilleusement travaillée qui en orne la façade. C'est une vraie relique de l'art gothique au seizième siècle. Elle abritait une statue de la vierge patronne des religieux. Voici comme en parle M. Castan (1). « La Vierge, parée avec toute la recherche de costume de l'époque, est debout ; sa chevelure ondoyante tombe sur ses épaules, et un manteau royal la drape entièrement. Elle est soutenue par trois anges groupés, au-dessus desquels est un écu portant la date de 1512. »

« Le pinacle ou couronnement est octogone, et plusieurs des pans forment saillie. Ce beau travail, percé à jour, se compose d'arcs en ogives à tympans découpés, qui s'élancent ornés de leurs feuilles frisées, à travers une foule de détails ouvragés en tous sens, et reliés entre eux par des contreforts et des cordons bien profilés. La partie supérieure se termine en forme de clochetons brodés sur toutes les faces et soutenus par des contreforts à jour. »

(1) *Besançon et ses environs*, p. 195.

La statue de la Vierge, mutilée pendant la Révolution, a été acquise par M. le vicomte Chifflet, et transportée dans son château de Recologne. Les objets de ce genre n'ont toute leur valeur que sur place. Ceux qui les ont conservés méritent la reconnaissance publique ; cette reconnaissance est plus grande quand leur générosité va jusqu'à les rendre à leur première destination.

Une statue nouvelle a remplacé l'ancienne, mais n'a ni le même art ni le même intérêt.

Au nº 37 de la rue Battant, le regard des passants s'arrête sur quatre grandes gargouilles (lévrier, lion, griffon et chien mouton), qui ornent la façade d'une grande maison. Cette façade, aussi mal entretenue que le reste de l'immeuble, semble bien ébranlée. La reconstruction de cet immense édifice date de 1560 et fut faite par Nicole Bonvalot, fille de Jacques Bonvalot, seigneur de Champagney, veuve du garde des sceaux, Granvelle. Le célèbre cardinal, petit-fils de Nicole, en parle dans une lettre datée de Madrid, le 17 août 1585. « Je me souviens, dit-il, de la chapelle de Saint-Laurent, qui est aux Halles de Besançon, et suis souvent passé par là en allant chef feu notre grand'père. »

Les dépendances et les jardins allaient jusqu'aux remparts. On admirait, autrefois, dans l'intérieur de la cour, des galeries en bois, soutenues par des colonnes ; ce ne sont plus que des ruines. Un blason des Perrenot de Granvelle se voit encore au-dessus d'une petite porte, à droite ; mais il a été mutilé, et la date de 1560 qu'il portait, n'est plus lisible.

En 1789, la famille Bougnon avait remplacé les précédents propriétaires. Son nom est maintenant oublié comme le leur.

6. *Au-dessus d'une porte*, à plein cintre d'une maison de la rue Champron, se lit l'inscription suivante, gravée par son propriétaire nommé Génevois.

GENEVOIS

JE SVYS, SANS

ESTRE HVGVENOT

1. 6. 2. 4

La synagogue. — Les juifs à peu près inconnus à Besançon avant la Révolution, y comptaient environ cent vingt familles au milieu du dix-neuxième siècle ; ils y sont 2,000 à présent.

En 1831, leur culte fut établi au premier étage d'une maison de la rue de la Madeleine ; en 1865, le gouvernement leur donna un rabbin résidant, et quatre ans plus tard, le 18 novembre 1868, leur nouvelle synagogue était inaugurée sur le quai de Strasbourg.

Cet édifice est de style mauresque à coupoles et richement ornementé à l'intérieur. M. Marnotte en fut l'architecte.

7. La tour de *la Pelotte*, à l'extrémité du quai de Strasbourg, fait partie d'un système de défense imaginé par Charles-Quint, au milieu du seizième siècle. On éleva dans le

même temps, les tours ou tourelles de **Ri-**
votte, de la Porte-Taillée et de celle de Notre-
Dame.

8. *Les constructions du quartier d'Arènes*
n'ont rien de bien remarquable.

Signalons pourtant, au n°44, une vieille maison du seizième siècle dont l'étage en bois,
qui surplombe, et les fenêtres à peine dé-
grossies, arrêtent le regard sans beaucoup
l'intéresser.

En face, c'est-à-dire à l'extrémité de la rue,
on avait construit, en 1833, un abattoir. Il
remplaçait les deux grandes boucheries de
Saint-Quentin et du Bourg où, pendant des
siècles, les bouchers avaient une *tuerie* et
possédaient *des bancs*. Ces bancs étaient leur
propriété et considérés comme des immeubles. Les abattoirs ont été transportés à
Canot en 1879.

En deçà, au n° 34, deux vieilles sculptures
en pierre, superposées dans une fenêtre, sont
de vraies reliques de l'art chrétien à Besançon. A la base, les saints Ferréol et Ferjeux,
portant leurs têtes, sont d'un travail relativement plus récent et mieux soigné ; au
sommet, le Christ en croix et les deux personnages qui sont à ses pieds remontent
sûrement à une époque plus reculée. Ces
objets seraient mieux à leur place dans une
église ou un musée.

9. *La plus ancienne caserne* de Besançon est
celle de Saint-Paul ; elle fut bâtie de 1680 à
1683. Celle de la Visitation, commencée en

1706, ne fut achevée qu'en 1729 La nôtre, qui est la troisième, date de 1738. Elle reçut d'abord l'*artillerie* qui lui donna son nom, ainsi qu'à la place voisine. Ce bâtiment, vaste et commode, a coûté 320,000 francs, dont 180 au roi et 140 à la ville.

10. Le *fort Griffon*, entre les portes de Charmont et de Battant, fut construit, en 1595, pour soutenir le siège qu'on redoutait du roi de France, Henri IV. L'ingénieur italien, *Jean Griffoni*, en donna les plans. Son nom est resté, même au nouveau fort élevé par Vauban, sur l'emplacement de l'ancien. En 1792, le maréchal de camp, Deshautschamps, commandant la division, adressait aux officiers du génie, l'ordre suivant : « Les citoyens commissaires de la Convention, ayant remarqué, dans l'inspection qu'ils ont faite de la fortification, qu'il subsistait encore dans le retranchement intérieur du fort Griffon, un signe révoltant de l'oppression des peuples, se sont déterminés à en ordonner la démolition. En conséquence, les officiers du génie s'empresseront de faire détruire les revêtements et batteries de gorge de ce fort qui se dirigent sur la ville... L'amour de la liberté et de l'égalité, *passion sublime, vaut seule tous les talents* et doit, de son feu sacré, embraser l'âme de tout bon républicain. »

Il faut savoir gré à cet intelligent maréchal de n'avoir pas rasé et remplacé par quelque autre passion également *sublime* toutes nos fortifications ; il y aurait même apporté plus d'*égalité*, en ramenant au même niveau, les fossés et les remparts ; la ville aurait eu aussi plus de *liberté* de s'étendre, et les citoyens celle de sortir ; mais, une vingtaine d'années plus tard, les Autrichiens auraient bien pu prendre la *liberté* d'entrer, malgré Marulaz qui aurait peu goûté cette façon de défendre la place.

11. *Le temple protestant.* — La révolution ouvrit aux protestants les portes de Besançon. Ils y vinrent de Suisse, apportant avec eux une nouvelle industrie : la fabrication des montres. La plupart étaient calvinistes. Leur culte fut établi, dès 1796, dans l'ancienne chapelle du Refuge ; puis, en 1803, dans celle des capucins ; enfin, en 1842, dans l'église de l'hôpital du Saint-Esprit.

Suivant M. Castan (1), la construction de cet édifice remonte au treizième siècle, comme l'hospice lui-même ; le chœur et une chapelle latérale sont du quinzième. « L'intérieur consiste en une seule nef couverte d'une voûte d'arête, basse, faiblement éclairée par des fenêtres latérales, longues et étroites ; le chœur est percé d'une fenêtre à meneaux. Le long des murs, sont des piles engagées, flanquées chacune de deux colonnettes qui reçoivent la retombée des nervures de la voûte. Les chapiteaux de ces colonnettes sont à feuillages et presque tous semblables ; ceux

---

(1) *Besançon et ses environs,* p. 144.

du chœur ont quelques figures fantastiques.

« Au quinzième siècle, tout l'intérieur de
l'église avait été décoré de peintures à
fresque, représentant des scènes empruntées
aux deux Testaments.

« La porte d'entrée est en plein cintre : à sa
droite se trouvait une crèche extérieure en
pierre, autrefois destinée à recevoir les enfants trouvés. Le porche, construit en 1841,
pour servir de façade au temple, est une
conception de l'architecte Delacroix, réalisée
dans un style gothique de pure fantaisie. »

II

Les fontaines

1. Dans une transaction datée du 14 février
1457, ayant pour objet la réparation des
dommages causés par la destruction de
l'église de Bregille et de la maison de l'archevêque, on voit un projet de construction
de quatre fontaines. Deux étaient dans notre
quartier : celle du Pilori et celle du carrefour
de Battant. Ce projet fut exécuté car, après
un siècle, le 4 septembre 1555, le journal de
l'Hôtel-de-Ville propose la *reconstruction de
la fontaine du Pilory*, avec *une cuve et*, par
dessus, *ung tabernacle de pierre et ung horloge*. La cuve et le tabernacle furent peut-
être exécutés ; en ce cas, on aurait trouvé
moyen d'y incruster l'inscription romaine

de Marc-Aurèle, dont il est parlé ailleurs, et qu'on a lue longtemps sur la fontaine du Pilori. Quant à l'horloge, elle prit, dans l'église même, en 1563, la place d'une plus ancienne qui existait dès 1439. En 1746, quand on creusait les fondations de l'église, la fontaine fut portée à l'entrée de la rue de l'Ecole ; elle revint à l'angle inférieur du nouveau monument, mais sous la forme d'une simple borne. Transformée en 1780, elle est décrite comme il suit par M. Marnotte : « Cette fontaine ne consiste plus qu'en un simple bassin au centre duquel s'élève une vasque qui doit dater du temps de Charles-Quint. La forme de ce support est triangulaire en plan, et a 1^{m}20 de hauteur. Il est en bronze, et représente sur les trois côtés des cariatides, dont deux à figures d'hommes et une à figure de femme, reliées entre elles par des dauphins et d'autres attributs des eaux, le tout d'un très bon goût et dans le style de la Renaissance. » (1) Il faut ajouter à ces ornements trois aigles, emblêmes des trois bannières de ce côté du pont. Cette fontaine a été remplacée par celle qui porte, au milieu de la place, la statue de Jouffroy. Celle-ci est l'œuvre de M. l'architecte Saint-Ginest. Elle a quatre faces ornées de bas-reliefs et autant de vasques qui déversent leurs eaux dans un bassin.

La statue, qui est du sculpteur Charles

(1) Droz. *Les Fontaines*, p. 301.

Gauthier, a été fondue dans les ateliers de MM. Molz, à Paris, et inaugurée le 17 août 1884, dans une série de fêtes que donnait la ville. Elle est bien à sa place, à côté de la rivière où, cent ans auparavant, le célèbre inventeur essayait d'appliquer la vapeur à la navigation.

2. *La fontaine de Battant* dont la décoration était du sculpteur Claude Lulier, a gardé, ainsi que la place, le nom de Bacchus. Elle le doit à une statue en pierre de ce dieu. Il y était représenté avec une couronne de vigne, et donnant de l'eau par un tonneau sur lequel il était assis. (1579) Toutefois, pour ne pas renoncer absolument aux fonctions de son métier, il tenait d'une main une coupe et de l'autre un thyrse, par où l'on faisait, à certains jours, jaillir du vin.

Placée d'abord près de l'église des carmes, isolée ensuite et gênant la circulation, cette fontaine fut fixée, en 1801, au centre de la place. Celle d'aujourd'hui est composée d'un grand bassin circulaire, au milieu duquel s'élèvent trois vasques en pierre. C'est une des belles œuvres de Delacroix, le constructeur de nos fontaines, après le retour à Besançon des eaux d'Arcier, en 1853.

3. *Une fontaine existait sur la place Marulaz* en 1757 ; elle n'était qu'une simple borne. Une autre l'avait remplacée, quand M. l'architecte Marnotte reprit, en 1826, le vieux projet de ramener à Besançon les eaux d'Arcier. Il en a fait la description suivante :

« Elle ne se composait, avant 1825, que d'un simple bassin circulaire, au centre duquel était une borne-fontaine. Celle-ci fut remplacée par une colonne reposant sur un piédestal circulaire et formant, depuis le sol de la rue, une hauteur de 6ᵐ60. Le socle, la corniche, la base et le chapiteau, étaient en pierre blanche. Le dé du piédestal, ainsi que le fût de la colonne, était en pierre polie de l'abbaye de Damparis. Au centre du piédestal, une tête de lion faisait jaillir l'eau dans le bassin, et le chapiteau, orné de feuilles d'acanthe, servait comme corne d'abondance à recevoir des fruits dorés, qui terminaient le sommet de la colonne. » (1)

La fontaine actuelle se compose de deux bassins circulaires et superposés qui reçoivent les eaux de la partie supérieure et les versent en cascade.

4. *La fontaine de la place Labourey* devait être le monument commémoratif du retour des eaux d'Arcier. Ceci explique peut-être ses grandes dimensions.

« Etabli au milieu d'un bassin circulaire, son soubassement en forme de triangle tronqué, sert d'appui à trois vasques, recevant plusieurs jets d'eau, partant des trois consoles ajustées en forme d'empâtement au pied de la vasque principale, d'où jaillit, au centre, une gerbe d'eau qui s'écoule par la gueule de trois mascarons. » (2) Une pierre

(1) Droz. *Les Fontaines*, p. 279.
(2) *Besançon*, par Guenard, p. 326.

énorme qui couronnait l'édifice, en forme de vasque, s'est fendue en 1859. Elle a été remplacée par un vase richement orné, comme le soubassement.

III

Les antiques

1. Dans une dissertation qui lui valut un prix en 1773, un capucin, le P. Prudent, de Faucogney, décrit de nombreux antiques de l'époque romaine, qu'on a trouvés, à diverses époques, en Franche-Comté. Signalons les suivants qui furent découverts sur le territoire qui fut ou qui est encore de la paroisse de Sainte-Madeleine.

L'empereur Antonin le philosophe (Marc-Aurèle Antonin) et son frère adoptif, Lucius Verus, avec lequel il partagea volontairement le pouvoir (161-180), eurent à Besançon leur monument. Il fut élevé par la reconnaissance publique, après la répression des Germains et l'apaisement des troubles qui désolaient la Gaule et la Séquanie. C'était une colonne de pierre avec cette inscription :

IMP CAES AVG

M AVR ANTONI

NO ET L AVR VERO

CIVES VE

« A l'empereur César Auguste Marc-

Aurèle Antonin et à Lucius Aurelius Verus, les citoyens de Besançon. »

Trouvée au seizième siècle, cette inscription fut conservée dans la salle capitulaire de Sainte-Madeleine. Elle était gravée sur une colonne que surmontait un vaste bassin. On l'y voyait encore en 1730.

2. Une autre inscription, où l'on croit lire les noms des mêmes empereurs, a été trouvée en 1618, dans les démolitions d'une maison de la place Labourey. Elle est en partie fruste et les caractères sont romains. Il n'en reste que les lettres suivantes :

I NON N

NI   VERI

3. Dunod rapporte (1) qu'en 1746, en démolissant l'église de Sainte-Madeleine, on trouva « une pierre, longue de quatre pieds et quatre pouces, haute de deux pieds et deux pouces, et large de deux pieds. On lisait, dit-il, à l'une de ses faces, en lettres onciales, hautes de neuf pouces chacune et d'un beau caractère romain : »

O M

I L I

Quelques années auparavant, le même auteur avait vu, dans les démolitions d'une maison voisine, une inscription toute semblable, avec ces lettres :

AUG

ILI

(1) *Histoire de l'église de Besançon*, t. II, p. 370.

Les deux pierres étaient exactement de mêmes dimensions ; en les rapprochant. Dunod pensa qu'on pouvait rétablir l'inscription suivante :

Romæ et *Augusti*
Niliaci milites,

Elle ornait sans doute le fronton de quelque grand édifice. Enfin, la présence de *soldats du Nil*, c'est-à-dire Egyptiens, rendant hommage *à Rome et à l'empereur*, ne lui paraît pas invraisemblable, à Besançon.

Ces fragments ont été conservés dans les murs mêmes de notre église : l'un à l'angle du bâtiment, entre la rue de l'Ecole et celle des Morts, l'autre à deux mètres plus loin. M. Delacroix, dans une lecture faite à la Société d'émulation du Doubs (17 déc. 1863), estime que ces lettres qui ont de 0,23 à 0,28 centimètres de hauteur, sont d'une correction qui n'a rien de commun avec celles des Arènes, et il trouve très ingénieuse, mais très peu fondée l'interprétation de Dunod. L'apparence au moins lui donne raison.

4. Mercure avait, à Besançon, le surnom local de *Cissonius* et un temple aux Arènes. Comme en d'autres sanctuaires païens de notre ville, une femme y remplissait les fonctions de prêtresse. Elle se nommait Duberatia Castula et était syrienne d'origine. Elle fit même restaurer à ses frais l'édifice qui tombait en ruines. L'inscription suivante, trouvée en 1679 et maintenant perdue, a rap-

pelé le souvenir du dieu et de son temple :

DEO MERCVRIO CISSO

NIO DVBERATIA CASTVLA

NATIONE SYRIA TEMPLVM

ET PORTICVS VETVSTATE

CONLAB SVM DENVO DE SVO

RESTITVIT (1)

5. Déjà, en 1633, on avait trouvé, près de la porte de Battant, une épitaphe d'autres prêtresses, qui paraissent également attachées au service de Mercure : « Ici repose Geminia Titulla d'Orange, mère des sacrifices. Décimus Julius Audus, affranchi de Publius, à sa très pieuse épouse et à Aura, femme de Sévère, qu'il avait adopté pour son fils. » (2)

Mercure et Apollon avaient encore un temple dans l'emplacement du couvent des Cordeliers. (3)

6. De 1820 à 1830, un amateur intelligent de notre quartier, M. Riduet, a fait une collection précieuse, où l'on admirait un bon nombre de statuettes et d'autres objets de l'époque romaine. La plupart avaient été trouvés dans la rivière. On y remarquait spécialement un Jupiter Télesphore dieu de la convalescence, une Flore, un Amour, deux figurines, dont l'une portait un phallus et l'autre des cymbales. On y voyait enfin, des clefs de bronze et de fer ; des anneaux

(1) *Mémoires et documents inédits*, t. I, p. 107. *Société d'Emulation*, 1870, p. 17.
(2) *Semaine Religieuse* de Besançon, 28 mai, 1898.
(3) *Mémoires et documents inédits*, t. II, p. 235.

de bronze, d'argent et même d'or ; des styles, des lampes, des vases de terre, des armes. Cette collection a été dispersée pendant la guerre de 1870.

Dans les fondations du bâtiment des halles, M. Marnotte a trouvé une grande quantité de poteries, des ornements de style grec, des figures d'animaux et une statue de Mercure.

CHAPITRE XII

Faits historiques. — Hommes célèbres

I

L'ordre des dates fera la division de ce chapitre. Les hommes dont il va être parlé ne sont tous ni absolument célèbres, ni exclusivement du quartier ; ils n'y ont parfois laissé que la trace de leur passage. Les faits ne sont souvent, eux-mêmes, qu'un épisode d'événements plus considérables et intéressant d'autres régions. Ces souvenirs ne doivent pas être perdus ; ils ont leur place dans une notice où, n'ayant à conter que de petites choses, on voudrait ne rien omettre.

1. (1362-1365) Suivant l'historien Rougebief, quand les Routiers (gascons, bretons, anglais) ravageaient nos provinces, ils se présentèrent deux fois devant Besançon et les murailles de Charmont. Une première fois, en 1362, ils n'auraient fait qu'y paraître, après s'être emparé des places de Vesoul et de Chariez, des châteaux-forts de Beaujeu et de Jallerange, et avant de porter le pillage et l'incendie dans la vallée d'Ornans, et jusqu'à Salins.

Repoussés par les hauts barons et l'habile politique de Marguerite, comtesse de Bourgogne, ils revinrent au printemps de 1365. C'est à tort que Rougebief considère cette seconde attaque comme plus sérieuse que la première. Celle-ci est racontée comme il suit, par Pierre Despotots, d'après un manuscrit du seizième siècle : « L'an mil trois cens soixante deux, par ung vendredy, avant veille de Noël, la cité de Besançon se trouva fort troublée, parce que sur la minuit, il vad survenir force Anglois, Bretons et Gascons, par deux, par trois, par quatre. Lesquelx s'estoient assemblez à Troye, en Champaigne, et venoient par peu à peu, à l'encontre de Besançon, le pensant prendre à tressaute. Mais par la grâce de Dieu et l'intercession des glorieulx corps saincts, deux bons chevaliers vindrent courir à grande force de chevaulx et d'esperons, à la porte de Charmont en escriarent le guet criantz : aux armes, aux armes, avecques bien grand effroy : vous êtes tous morts et perduz. Au moyen de quoi la cité fut délivrée, car l'on courut aux murailles, où l'on trouva force Angloix qui estoient ja passez par deux, les faulx petits meurs de Charmont, lesquelx l'on navra très bien et en occit-on plusieurs. Et comme beaulcop d'aultre qui les suyvoient, cogneurent bien que leur trahison estoit descouverte, ils coururent bien vistement ès *Planches de Sainct-Ferjeux*, ou estoit leur capitaine, qui se nommait *Archepointre*, lequel entendant cecy, les fist espancher par tout le pays, lequel ilz oultragearent grandement à fer et flambe, et puis s'en retournarent en France. » (1).

2. (1575) *La surprise de Besançon*, apparaît comme très vraisemblable après celle des Routiers ; deux siècles n'avaient pas beaucoup amélioré la défense de la ville, des chances de succès restaient encore à un coup de main, et les huguenots l'ont tenté. Cependant, on a peut-être trop considéré cet événement comme un fait de guerre ; c'était une révolution politique, faisant appel à la force pour imposer une révolution religieuse, qui n'avait pu réussir autrement. Le protestantisme s'est ainsi établi partout, et en particulier à Montbéliard ; c'était dans les mœurs du temps ; il serait puéril de le nier et il n'est pas difficile de citer nombre d'historiens protestants qui le reconnaissent. Ce n'est pas ici le lieu de refaire l'histoire connue de la *délivrance de Besançon* en 1575 ; rappelons seulement les péripéties de ce drame, qui ont eu notre quartier pour théâtre.

C'est sur la porte de Charmont que les statues des saints Ferréol et Ferjeux ont été mutilées par le mousquet d'un protestant, ce qui avait commencé la guerre, au moins dans les esprits, dès 1571.

C'est dans les fossés d'Arènes, probablement dans une partie de l'ancien cimetière de

(1) *Mémoires et documents inédits de Franche-Comté,* t. VII, p. 256.

Saint-Jacques, que les protestants, encore peu nombreux, recevaient la sépulture.

Quand l'attaque commence, c'est par la tour de la Pelotte et la porte de Battant. « Le mardy avant la saint Jehan, vingt-ugnième de Juing 1575, les malheureux personnages qui, pour l'occasion des nouvelles opinions... sont esté chassez de la cité... se sont jettés au désespoir, et entreprins de surprendre lad. cité, et par force y rentrer avec intelligences et practiques de princes estrangiers.., ont donnés le mot de se treuver dans le bois de Chalezeulle : cejourd'hui, à dix heures du soir... se sont retreuvés... vindrent passer dessus des barques au long de la tour de la Pelotte, et par là entraint en la cité, ledict jour de mardy à deulx heures du matin, s'adressent es maisons de Mes *Jehan Papay* et *Claude Noirot*, ayant les clefs de la porte de Baptant, et forçant lesquelles maisons, prindrent lesdictes clefs par force et violence, ont menacé de tuer lesdicts *Papay* et *Noirot* ; et dez là vont ouvrir lad. porte de Baptant, et par icelle font entrer tout ceulx de leur suyte, tant à pied comme à cheval. » (1)

L'artillerie prise sur le rempart de Battant fut placée sur le pont, confiée à quelques soldats, tandis que le gros de la troupe se portait à l'intérieur de la ville.

Dans le combat et dès que la défense s'or-

(1) Registres de l'hôtel de ville. *Mémoires et documents inédits*, t. I, p. 325.

ganise, la lutte est ramenée sur le pont. Quand la déroute commence, elle se précipite dans la rue Battant, et les fuyards pensent sortir par la porte ; mais la herse avait été abaissée, tous sont taillés en pièces ou faits prisonniers.

Enfin, c'est encore dans notre quartier qu'eurent lieu les représailles qui suivirent cette triste journée. Plusieurs traîtres de la ville ou conspirateurs étrangers furent décapités ou pendus près de la tour de la Pelotte, devant le Pilori ou près de la porte de Battant.

Il faut bien un peu de fanatisme antireligieux pour verser des larmes sur l'édit de Maximilien II, en date du 9 juin 1573. Ce prince ayant *consulté les vingt-huit notables et le peuple de la cité*, expulse comme perturbateurs les protestants, *leur permettant de prendre, emporter, retirer et transporter tous et singuliers leurs biens ailleurs, sans être empêchés, molestés ou recherchés par qui que ce soit, ni directement ni indirectement.* Cet édit est donné comme monstrueux par Rougebief (page 466), qui trouve tout naturel, à la même page, que les bannis *s'ouvrent par la force les portes de la cité, assistés de leurs coreligionnaires, allemands et français,* c'est-à-dire étrangers ou plutôt ennemis.

3. (1595 *Henri IV*). Un an après la déclaration de guerre de Henri IV, au roi d'Espagne Philippe II, Tremblecourt, avec 5.000 Lorrains, entrait en Bourgogne, par Jonvelle. Après avoir saccagé Jussey, Vesoul, Oise-

lay, il envoyait *une trompette* aux gouverneurs de Besançon, pour les sommer de se rendre au roi de France. Ceux-ci répondirent dignement qu'ils étaient en état de résister. Des précautions furent prises aussitôt, pour préparer la défense. En prévision d'une attaque du côté de la tour de la Pelotte, on fit raser le monastère des Dames de Battant. L'archevêque et les gouverneurs pensaient qu'il pouvait servir à l'ennemi ; l'avis contraire des abbés de Citeaux ne put prévaloir. Ensuite, un nouveau fort fut élevé entre les portes de Battant et de Charmont. Il fut appelé Griffon, du nom d'un chirurgien italien qui en fit les plans. Comme Tremblecourt n'osait commencer le siège, Henri IV, à la tête de 25,000 hommes, entrait en Franche-Comté et arrivait devant notre ville en passant par Champlitte et Pesmes. On sait que Besançon paya, d'une contribution de cent milles livres, le respect de sa neutralité. La rançon fut portée à Saint-Ferjeux; mais, tandis que le roi en personne parlementait aux portes, « un soldat de la garnison bourguignonne estant sur le fort, du costé de Charmont, le pensa tuer d'un coup de mousquet. De quoy il fut empesché par un gentilhomme de la cité, car la ville fut esté en danger d'être perdue... et se fussent mis tous les françois sous couleur de vengeance, à la piller. » (1)

(1) Chroniques de Besançon. *Mémoires et documents inédits*, t. VII, p. 335.

Bien des pages seraient changées dans l'histoire de France, si le mousquetaire de Charmont avait fait feu.

4. (1674) *Louis XIV* nous est arrivé par la même route que Henri IV, par Gray et Marnay. Comme la première fois, c'est le côté du nord qui fut d'abord menacé et fortifié. Deux demi-lunes furent construites aux portes d'Arènes et de Charmont ; c'est contre la première que le prince de Condé prépara l'attaque, et Vauban parvint à faire hisser des canons jusque sur les hauteurs d'Arènes, comme sur celles de Chaudanne. Les choses en étaient là quand le roi arriva pour être témoin de l'attaque. (10 mai) Elle était attendue sur le saillant d'Arènes. Dans cette prévision, le Père Schmidt, qui était aussi bon artilleur que bon religieux, avait établi une batterie dans le jardin des Cordeliers ; elle devait tirer, à cartouches pleines de balles, sur le point attaqué. D'autre part, on avait miné la demi-lune d'Arènes pour la faire sauter quand l'ennemi s'y serait établi. L'événement démontra que la défense avait deviné tous les moyens de l'attaque. Voici comme elle est rapportée par un homme du métier :

« Vers une heure du matin, au signal donné, les assiégeants s'élancent de leur parallèle pour couronner de vive force le chemin couvert de la demi-lune ; ils s'attachent aux palissades ébréchées, fusillent à bout portant les défenseurs, tandis que de nombreux travailleurs chargés d'outils, de gabions, de fascines et de sacs à terre, s'efforcent, les uns d'envelopper le saillant, les autres d'établir la communication entre la place d'armes et le couronnement qu'ils ébauchent. Reçus bravement à coups de mousquet, de grenades, de piques et de hallebardes, mais trop supérieurs en nombre, ils restent bientôt maîtres du terrain et contraignent les défenseurs à se retirer à l'abri du fort Cisteaux appuyé à la rivière. C'est à ce moment que le Père Schmidt, démasquant sa batterie, couvre tout le terrain de l'attaque d'une mitraille à bonne portée ; elle arrête l'assaillant. Pendant quelques heures on n'entendit que cris, hurlements et plaintes de mourants. »

« Ce ne fut qu'au prix de pertes énormes que les Français parvinrent à se maintenir sur la branche droite dérobée à la batterie des Cordeliers et qu'ils s'étendirent peu à peu sur la branche gauche en se couvrant par de fortes traverses. »

« Dans cette action qui dura jusqu'à quatre heures du matin, les défenseurs perdirent cent cinquante hommes..... Les Français avouèrent une perte de trois ingénieurs et d'un millier de soldats mis hors de combat. Le régiment de Crussol, qui voulut achever la portion de couronnement dont il était chargé et refusa d'être relevé ou secouru par les gardes françaises, perdit à lui seul quinze officiers et deux cents soldats. » (1)

(1) Ordinaire. *Deux époques militaires à Besançon*, t. 1, p. 491.

M. Ordinaire ajoute : « l'assaut de cette demi-lune était l'acte suprême qui livrait la place à la discrétion du vainqueur. » Avec la place, la province entière devenait française.

5. (1813) *L'explosion de Battant.* — Une épidémie de suicide et de folie a désolé Besançon au commencement du dix-neuvième siècle. M. le Dr Ledoux l'attribue (1) aux secousses politiques et aux guerres qui avaient surexcité la génération de cette époque. C'est un accès de folie et un désespoir qui causèrent la catastrophe connue sous le nom *d'explosion de Battant.*

Au second étage d'une maison portant le n° 1015 de la ville (maintenant 29 de la rue) habitait Joseph Bourgeois, avec sa femme et leur fils Jean. Bourgeois était huissier près le tribunal, organiste de la paroisse et *artificier.* Il avait chez lui une grande quantité de poudre. Après les revers de 1812, une levée de 100.000 jeunes gens fut ordonnée sur la classe de 1814 ; la mère en apprit la nouvelle avec terreur et laissa échapper ces mots : « Si on me prend mon fils, je ne le verrai pas partir ; il arrivera un malheur. »

« Dans la matinée du 20 février 1813, Jean Bourgeois prit part au tirage au sort qui, sur 205 inscrits, devait désigner les 98 Bisontins appelés à composer le contingent. Il sortit de l'urne le n° 96.

« Le soir de ce même jour, la femme Bour-

(1) Dans son discours de réception à l'académie de Besançon. (1878)

geois envoya un enfant, alors seul auprès d'elle, acheter un gâteau dans un quartier éloigné Quelques instants après, à cinq heures et demie, une formidable explosion ébranla tout Battant. La malheureuse avait mis le feu à la poudre.

« Trois maisons était détruites de fond en comble (n°ˢ 27, 29, 31 actuels). Les deux contiguës (25 et 33), étaient en grande partie démolies. Trois autres situées vis-à-vis (24, 26 et 28) étaient éventrées... l'incendie éclata en plusieurs foyers.

« Les voisins... fuient... bien vite ils reviennent aux appels du tocsin, et organisent les secours... Un bruit se répand : il y a encore un tonneau de poudre, il va sauter. Au moment de cette courte panique arrive Marulaz... son attitude ranime le sang-froid défaillant des sauveteurs.

« Au premier rang de ceux-ci se distinguent les pompiers... puis les prisonniers anglais qu'on a fait sortir de la citadelle. A Battant, on a conservé le souvenir de leur dévouement. Forts, agiles, adroits, courageux, (presque tous étaient des matelots...)jusqu'au lendemain soir, ils travaillent avec une ardeur qui provoque l'admiration...

« Vingt-six tués sur le coup, ou brûlés dans les décombres, ont été inscrits au registre mortuaire... (Le manuscrit de Laviron en compte quarante-trois). Il y eut un aussi grand nombre de blessés : huit maisons, avec tout ce qu'elles renfermaient ont été perdues, sans parler de ce qui fut brisé, détérioré bien au loin du foyer d'explosion (1). »

6 (1814) La Franche-Comté fut envahie et la place de Besançon investie par tous les côtés à la fois, en 1814. Le siège commença dès le mois de janvier. 175,000 Autrichiens étaient arrivés en même temps par Vesoul, Gray, Salins, Dole, Pontarlier et Baume ; le général Marulaz repoussa leurs assauts avec des chances diverses, pendant près de deux mois. Un seul combat semble avoir eu exclusivement notre quartier pour théâtre, et c'est le journal du vigneron Laviron qui en a gardé le souvenir.

« Le 17 février, dit-il, une sortie fut faite par Arènes à cinq heures du matin. C'était une simple diversion ayant pour but d'attirer l'ennemi, tandis qu'on réquisitionnait du fourrage du côté de Baume. Elle coûta aux vaillants défenseurs de la cité, cent morts et vingt-cinq prisonniers. » Le bon vigneron n'oublie jamais ses vignes, et il note un arrangement intervenu entre les assiégés et le général autrichien, « pour que les vignerons puissent aller à leurs vignes, et les gens du dehors apporter en ville leurs provisions. »

Les lois de la guerre seraient-elles devenues plus dures, ou les Allemands moins civilisés à la fin du siècle qu'au commencement ?

(1) Discours de M. le Dr Ledoux à l'académie de Besançon.

Pendant ce même siège de 1814, un commandant nommé Lafaille, eut son heure de périlleuse célébrité à Battant. Un incident dont l'opinion le rendait responsable manqua de le faire assassiner et même de provoquer une émeute.

Marulaz, prévoyant l'attaque du côté de la Madeleine, et pour le cas où l'ennemi s'emparerait du quartier, avait établi, sur le pont, une barrière de pierre. C'était forcer les assiégeants à un second siège pour entrer dans la ville. Le peuple attribuait au commandant la résolution bien connue du gouverneur de ne se rendre qu'à la dernière extrémité, mais on lui prêtait des propos qu'il n'avait point tenus : il voulait, disait-on, jeter dehors les bouches inutiles, fusiller les gardes nationaux, détruire même le quartier s'il le fallait, pour la défense de la place. Une émeute menaçait, qui aurait admirablement servi les Autrichiens. Deux fois le commandant échappa aux assassins stipendiés pour le tuer.

Voici quelques-uns des mauvais couplets inspirés par cette aventure.

Ne parlez plus de Vauban
Il n'a rien fait qui vaille
Et n'eut qu'un faible talent.
Mais qui l'éclipse à présent ?
Lafaille, Lafaille, Lafaille !
Jusqu'à quand permettra-t-on
Que Lafaille nous fouaille ?
N'est-il un brave à Charmont

> Pour descendre sous le pont
> Lafaille, Lafaille, Lafaille ?

Pour calmer les esprits, on imagina **de** confier la barrière aux gardes nationaux **qui** voulaient la démolir.

II

1. (1332) Le Chapitre de Sainte-Madeleine partage, avec celui de Saint-Jean, l'honneur d'avoir donné un évêque à l'église de Paris : *Hugues Michel*, appelé aussi Hugues de Besançon. Il était trésorier de Saint-Jean et, en cette qualité, doyen-curé de Sainte-Madeleine. Il envoya à la première de ces deux églises une relique de la Sainte Couronne d'épines et fonda, pour en perpétuer la mémoire, un office de la Passion dans nos deux cathédrales. Il est aussi l'auteur de l'office particulier de Sainte-Madeleine.

Dunod (1) dit que l'hôpital du Saint-Esprit lui devait une croix d'argent massif servant aux processions, et que le nécrologe de cet hospice marque son décès à la date du 20 juillet 1332. Mais cette date ne s'accorde pas tout à fait avec l'épitaphe de ce prélat, telle qu'elle a longtemps existé dans le chœur de la cathédrale de Paris et que la rapporte la *Gallia christiana* : « Hugues de Besançon,

_____
(1) *Histoire du diocèse de Besançon*, t. I, p. 220.

docteur es-droits, évêque de Paris qui, pendant six ans et demi, gouverna cette église avec autant de zèle que de piété, et mourut l'an du Seigneur 1332, le quatrième jour avant les calendes d'août. »

2. (Quinzième siècle) Les *Arménier* avaient leur hôtel à Battant, dans l'emplacement des Petits Carmes. Guy Arménier était conseiller et maître des requêtes de Jean-sans-Peur duc de Bourgogne, membre du conseil de Philippe-le-Bon. Il fut envoyé, comme légat, au concile de Constance et mourut à Montigny, près de Salins. Son épitaphe est encore dans l'église de ce village.

Son fils, Philippe Arménier est entré, comme lui, au conseil de Philippe-le-Bon ; il a été président de ses parlements et son ambassadeur au concile de Bâle, il est mort à Besançon, le 10 novembre 1453.

3. (1416) *Jean Poncet*, chanoine de Sainte-Madeleine, fut député au concile de Constance, qui termina, par l'élection de Martin V, le grand schisme d'Occident. Il faut rappeler que le droit de suffrage y fut donné au clergé de second ordre, et que les clercs votaient par nations. Jean Poncet fut employé par plusieurs prélats dans la controverse des *Annates*, c'est-à-dire de la part revenant au Saint-Siège des revenus de certains bénéfices vacants. Jean Poncet était, dit l'*Histoire de l'église gallicane*, « un homme d'esprit, intelligent dans les affaires, et sachant parler sans respect humain. » Il demanda à être

entendu, le 2 novembre, dans une des conférences publiques de sa nation, et y fit lecture de son mémoire, tout favorable aux prétentions de la cour romaine. Il parla plusieurs fois avec une vivacité qui fit partager sa conviction ; il eut gain de cause, puisque les Annates furent conservées.

4. (1431-1463) *Jean Beaupère (pulchri patris)*, originaire de Nevers fut, en 1431, chanoine de Saint-Jean, plus tard trésorier de ce Chapitre et comme tel, doyen de celui de Sainte-Madeleine. Il conserva cette charge pendant vingt ans (1443-1463). Ce riche prébendé appartenait aussi au chapitre de Rouen et à l'université de Paris. Il y avait pris le grade de docteur en théologie et y occupait un rang élevé. Jean Beaupère portait aussi facilement les charges que les honneurs, et il trouvait encore le temps de conspirer contre la France et contre l'Eglise. On le voit presque en même temps au procès de Jeanne d'Arc, à Rouen, et au concile de Bâle. Sa prodigieuse activité lui permet de paraître partout à la fois, et d'invoquer toujours un alibi quand sa félonie l'accuse quelque part. Lui reproche-t-on la condamnation de la Pucelle? il veut bien compter parmi les cinquante docteurs qui l'ont jugée, mais il prétend n'avoir point assisté à la sentence.

Presque dans le même temps, il est avec les quatorze prélats qui improvisent, à Bâle, un concile œcuménique. Il est même du nombre des députés envoyés au pape Eugène IV, pour lui arracher la révocation de la bulle qui avait dissout le concile.

Interrogé sur la révision du procès de Rouen, il s'y oppose de tout son pouvoir.

Malgré le mépris où il était tombé, il fut assez habile pour conserver sa prébende, et mourut à Besançon en 1463.

5. (1609) *Saint François de Sales* fit, en 1609, un voyage en Franche-Comté et un séjour à Besançon. Il prêcha dans la chaire de pierre qui est encore à Saint-Jean. La maison où il reçut l'hospitalité est à l'angle des deux rues du Grand et du Petit-Charmont. Le Chapitre voulut conserver ce souvenir du saint évêque de Genève : on lit dans l'ancien processionnal, que le jour de la Fête-Dieu, le troisième reposoir de la procession sera élevé devant la maison qu'il a honorée de sa présence.

L'architecture ogivale de cette maison semble indiquer qu'elle a échappé au désastre de 1478. Un immense incendie consuma les rues de Vignier, de Sachot, du Grand et du Petit Charmont, ainsi que la rue de Chartres. On peut donc considérer ce quartier comme entièrement renouvelé en cette fin du quinzième siècle. Les rues ont gardé leurs noms, mais on n'y rencontre pas, comme à Battant et même à Arènes, des maisons plus anciennes.

6. (1618) *Barthélemy Labourey* a laissé à Besançon, un nom tristement célèbre. Sa famille était originaire de Virey. Orphelin

de père dès son bas âge, très bien élevé par
sa mère, il se montra de bonne heure enclin
à tous les vices; la débauche l'a ruiné. Accusé
de plusieurs meurtres commis dans les environs, il pensa tromper la police en se retirant
à Besançon, dans une maison qu'il y possédait. Là, il se lia avec deux complices, Ferjeux Lucquet et Thierry Dougnon. Le premier
dessein criminel qu'ils formèrent ensemble,
fut de mettre à mort le beau-père de Labourey. Ce projet, ayant été connu d'un enfant
de quatorze ans, nommé Coulon, la crainte
d'une indiscrétion fit comploter sa mort; le
29 mars 1618, les trois complices l'avaient
assassiné. Une hache et un couteau avaient
été les instruments du crime ; les traces en
devaient disparaître avec le cadavre qui fut
jeté sous le pont, et entraîné au fond de l'eau
par un lourd marteau de fer.

La hache, teinte du sang de l'enfant, servit
encore à tuer un vieux mendiant à qui les
trois gredins supposaient quelque argent. Un
voisin charitable, qui logeait le pauvre vieillard, eut soupçon de ce nouveau crime, et la
crainte d'une dénonciation inspira aux assassins la pensée de fuir. C'était trop tard. Le
Syndic de la ville, Jean-Baptiste de Valim-
bert, au péril de sa vie, arrêta lui-même
Labourey, près de la porte Taillée. Tandis
que la justice instruisait son procès, le brave
Syndic amenait les deux complices. Tous
firent des aveux, et le corps de la victime,
retrouvé à l'endroit indiqué, les fit condam-

ner sur-le-champ. L'échafaud fut dressé sur la place du vieux marché, vis-à-vis la maison de Labourey. Il y monta avec Dougnon, et les instruments de leurs forfaits, la hache et le couteau, furent ceux de leur supplice. Lucquet fut pendu au même endroit, et les deux têtes de ses compagnons furent portées à son gibet. La maison de Labourey fut rasée.

On ne peut attribuer qu'à la grande impression que ces événements firent sur le peuple, le souvenir qui s'en est conservé. Il est néanmoins surprenant qu'après trois siècles, la place qui en fut le théâtre porte encore le nom de Labourey.

7. (1698-1754) *L'abbé Jean-Baptiste Fleury*, semiprébendé de la collégiale de la Madeleine, est né à Besançon, en 1698. Il a copié de nombreux documents auxquels il a ajouté de précieux manuscrits sur l'histoire de Franche-Comté ; le plus grand nombre a malheureusement disparu. Dunod les a consultés, et leur doit beaucoup.

Il nous reste, de l'abbé Fleury, deux dissertations sur les usages de l'Eglise de Besançon ; publiées dans le *Mercure*, elles ont été réimprimées dans la *Revue de Franche-Comté*, en 1843. Il est aussi l'auteur des *Almanachs de Franche-Comté*, de 1746 à 1754. Il est mort le 6 mai de cette dernière année.

Plusieurs messes ont été composées par lui pour la fête de Sainte Madeleine ; l'une d'elles est restée, avec d'autres offices, en un cahier de très grand format, aux archives **de** la paroisse.

8. (1741-1812) *Seguin*, *Philippe-Charles-François*, est né à Besançon, le 17 janvier 1741. Son père était professeur de droit à l'université de cette ville et fort estimé. Le jeune Seguin, petit, frêle, bossu, devait peut-être à ses infirmités un mauvais caractère. Après de bonnes études, il prit le grade de docteur en théologie et fut nommé chanoine de Sainte-Madeleine. Il appartenait aussi, comme coadjuteur, au Chapitre de Saint-Jean.

En 1788, ses collègues l'envoyèrent, avec le chanoine de Boursières, aux États provinciaux. Il y manifesta des opinions tout opposées à celles de ses mandants qui lui refusèrent leurs suffrages à la convocation des états généraux de 1789.

L'année suivante, il entrait au conseil général du Doubs et en devenait le président. Il fut chargé, en cette qualité, de faire exécuter les lois de la Constituante et, en particulier, d'obtenir le serment à la constitution civile du clergé. Il la jura le premier, la fit jurer à d'autres et osa même proposer le serment à Mgr de Durfort. Le refus, suivi de l'exil de celui-ci, amena l'élection de M. Seguin au siège de Besançon. Une assemblée réunie à Saint-Jean et presque entièrement composée de laïcs, lui donna 218 voix contre 20. Ainsi nommé, le 12 février 1791, M. Seguin gouverna le diocèse comme peut faire un schismatique de mœurs irréprochables. Il ferma toutes les chapelles aux prêtres non assermentés ; un peu plus tard, il fermait les couvents. (1792) Député à la Convention, il vota la réclusion, mais non la mort de Louis XVI ; flatta la Terreur et finit par donner sa démission d'évêque au conseil des Cinq-Cents, en 1795.

Il se retira à Châtillon-le-Duc, puis à Vaivre, près de Vesoul, où il est mort le 23 janvier 1812, sans avoir rétracté ses erreurs.

9. *Bizot.* Au dix-huitième siècle, vivait à Charmont Jean-Louis Bizot, conseiller au Bailliage de Besançon, aussi estimé pour son mérite que populaire pour les fêtes qu'il donnait à tout propos. A chaque réjouissance, un tonneau de vin orné de feuillage et placé devant sa maison se vidait aux cris de *vive le roi* ou *vive le Parlement*. La plus grande de ces fêtes fut donnée en 1764, au retour des trente conseillers du Parlement exilés pour leur résistance aux ordres de la cour. Jacquemard descendit de sa tour pour les complimenter, et Bizot, pour perpétuer le souvenir de l'événement, composa, en patois, le poème *épi-comique* : la *Jacquemardade*. Ce petit ouvrage serait à peu près introuvable et tomberait dans l'oubli sans une étude de M. Vaissier, qui l'a heureusement ressuscité.

Bizot était aussi un mathématicien distingué ; on lui doit le gnomon tracé dans l'église de la Madeleine et le cadran solaire de Taragnoz. Ce dernier fut mentionné par Lalande dans le *Journal des savants*, et décrit dans la *Bibliographie astronomique*. Né en 1702, Bizot est mort le 14 novembre 1781.

10. (1741-1822). *Le baron Daclin*. Parmi les maires qui ont laissé à Besançon le meilleur souvenir, l'opinion publique met au premier rang le baron Daclin. Il entra dans le mouvement révolutionnaire ; mais il en sortit assez tôt pour mériter l'honneur de compter parmi les suspects. Son expérience, l'instabilité des gouvernements de son époque l'ont fait servir avec un zèle égal, la république, l'empire et la monarchie. On a reconnu ses services sans discuter ses évolutions politiques, parce qu'elles étaient désintéressées : il n'est pas sorti de la vie publique plus riche qu'il n'y était entré.

Antoine-Louis Daclin est né à Battant. Sa maison paternelle portait le n° 872 de la vı^e section, maintenant le n° 12 de la rue. Avocat, échevin de la ville (1784), commandant, dans la garde urbaine, la compagnie de la bannière de Battant, conseiller au magistrat, procureur syndic du district (1790), il fut à la hauteur de toutes les tâches. A la vente des monastères, il voulut les faire acheter par la ville, pour les transformer en ateliers ; il aurait pu les acquérir et décupler sa fortune. En 1792, il se retira, avec sa famille, dans ses propriétés de Serre-les-Sapins et n'y fut pas inquiété par la Terreur. Trois ans plus tard, il était rappelé au directoire du département, d'où il passait au conseil municipal en qualité d'adjoint. Il devenait maire en 1801.

L'amélioration du service des eaux et de l'éclairage (1805) ; le dégagement des abords du pont, du côté de la ville ; la réparation, qui était presque la reconstruction de la bibliothèque (1807) ; l'organisation du corps des pompiers (1809) ; les murs de soutènement des quais des Cordeliers jusqu'au Saint-Esprit (1812) ; l'ouverture de plusieurs marchés, tels sont les principaux travaux ou les améliorations dont la ville est redevable à l'intelligente initiative du maire Daclin.

Pendant le siège de 1814, il eut le courage de seconder l'autorité militaire et de lui résister quelquefois. En février, Marulaz voulait abandonner la première enceinte et concentrer la défense au delà du pont. C'était sacrifier tout le quartier du nord. Daclin s'y opposa avec la dernière énergie. Le soir, comme il jouait avec le général, celui-ci proposa de doubler la mise. Volontiers dit Daclin, *les gens de Battant ne reculent jamais*. C'était une allusion au débat du matin.

Quand les alliés eurent imposé la paix à Paris, un corps autrichien s'en retourna par la route de Besançon ; le maire estima qu'il ne devait point traverser une ville qui n'avait pas capitulé. Un pont provisoire fut jeté sur la rivière et détruit après le passage de l'ennemi. Cet acte de légitime orgueil mérite d'être signalé comme un exemple.

Le baron Daclin demeura à la tête de la municipalité jusqu'en 1816, avec une seule interruption, pendant les Cent jours. Il ne quitta pas le conseil qui profita de ses lumières jusqu'en 1821. Le 26 janvier de l'année suivante, il mourut chrétiennement.

« La confiance de ses concitoyens, dit **M.** le docteur Ledoux, (1) à qui nous empruntons ces détails, l'avait élevé au dessus des partis. Napoléon lui avait conféré, en 1810, le titre de baron ; Louis XVIII, la croix d'officier de la légion d'honneur et le droit de transmettre son titre de noblesse à ses descendants. »

11. (1779-1866) *Weiss.* Il est dit ailleurs pourquoi la maison qui porte, à Battant, le n° 18 compte parmi les monuments de notre quartier ; la naissance de M. Weiss, ancien bibliothécaire de la ville, lui donne encore un autre intérêt.

Pierre-Charles Weiss y naissait le 15 janvier 1779. Son père était bonnetier ; sa mère ne fut point aveuglée par une affection bien naturelle, en devinant les capacités de son fils et en lui faisant donner une instruction supérieure à son rang. Quand la Révolution ferma le collège, le jeune Weiss y était étudiant ; il rentra à la maison et prit l'aiguille d'ouvrier, sans quitter ses livres. Son cours d'études classiques se trouva ainsi achevé

(1) *Besançon sous le Premier Empire*, (1900).

quand il vint le reprendre, à l'ouverture des nouvelles écoles.

En 1801, il obtenait, à la mairie, un modeste emploi qu'il échangea bientôt contre un autre à la sous-préfecture de Pontarlier. En 1804, le maire, baron Daclin, le rappelait pour en faire son secrétaire particulier.

Ici, Weiss put mieux satisfaire ses goûts pour l'étude et la bibliographie. Quand l'académie des sciences, belles-lettres et arts de Besançon se releva, il y entra, en 1806, avec quelques-uns de ses anciens membres, survivants de l'autre siècle. En 1812, le préfet, Jean de Bry, le nommait bibliothécaire de la ville. La bibliothèque ne comptait alors que 50,000 volumes ; il en laissa 130,000. Le choix le préoccupait plus encore que le nombre : il sauva ce qui restait des magnifiques collections de Saint-Vincent et de Saint-Paul.

Weiss devint, dans la bibliographie et l'histoire, un savant connu de toute l'Europe.

Son attachement à sa mère et à sa province lui fit refuser une place, aussi honorable que lucrative, à la bibliothèque royale et à celle de Saint-Cloud.

La croix de chevalier de la légion d'honneur lui fut donnée par ordonnance royale de 1828, et la rosette d'officier par le prince président, en 1850.

Ne pouvant citer tous ses écrits, signalons au moins la publication des *papiers d'Etat du cardinal de Granvelle* ; la *biographie universelle* des frères Michaud, qui doit beaucoup à son érudition ; sa collaboration aux deux premiers volumes des *Documents inédits pour servir à l'histoire de la Franche-Comté*, et aux derniers de la *Biographie universelle de Feller*.

Weiss avait perdu, dans la tourmente révolutionnaire, ce qu'il avait appris du Christianisme dans son enfance ; à la fin de sa vie, il se remit à l'étudier et retrouva toute sa foi. De longs entretiens avec plusieurs prêtres de ses amis, le ramenèrent aux pratiques religieuses. Il le fit avec quelque hésitation d'abord, puis sans ostentation ni respect humain pendant ses cinq dernières années. Il mourut pieusement, le 11 février 1866, à l'âge de 87 ans.

12. *Proudhon*, qui aura dans l'histoire de notre ville une place à part, est né à Besançon, le 15 janvier 1809. Son père, dit-on, était tonnelier. Les érudits, parmi ses compatriotes, discutent sur le domicile de cette modeste famille ; les uns la plaçant à la Mouillère, les autres au Petit-Battant, dans la maison portant le n° 37. Cette maison est la dernière de la rue, contre le talus des fortifications. Elle portait autrefois le n° 930. Les registres de l'Etat-Civil font naître Proudhon dans la *sixième section* qui était bien celle de Battant *(intra muros)*. Sans entrer dans cette querelle, disons simplement que les registres de la Madeleine indiquent que Pierre-Joseph, fils de Claude-François Proudhon, commis marchand et de Catherine Simonin, son

épouse, a été baptisé le 17 janvier 1809. A cette époque, la Mouillère appartenait, comme aujourd'hui, à la paroisse de Bregille. La vie de Proudhon, qui comporterait une analyse de ses ouvrages, ne saurait entrer dans cette notice, il suffit d'en indiquer les diverses étapes.

Admis gratuitement au collège de Besançon, Proudhon en sortit pour entrer dans une imprimerie, où il fut successivement compositeur, correcteur et prote. La révolution de juillet le jeta dans la politique, où il pensa faire fortune en se déclarant l'ennemi acharné de la religion et de la propriété. Son orgueil lui persuada peut-être qu'il détruirait l'une et l'autre. Mais cette seconde révolution n'ayant pas eu la durée de la première, l'intérêt plutôt que la conviction adoucit les sentiments de Proudhon qui revint presque à la foi.

En 1837, il était associé à la direction d'une typographie ; un peu plus tard il obtenait au concours la pension Suard (1500 fr.), et pouvait aller à Paris continuer, pendant trois ans, ses études. Il y commença ses publications contre l'ordre social. Il n'avait pu sortir de l'obscurité dans sa ville natale, il y réussit à Paris, par deux mots célèbres : *La propriété c'est le vol, Dieu c'est le mal.* Cette doctrine, si c'en est une, ne l'empêcha pas d'accepter la lucrative direction d'une entreprise de transports par eau. Il en tira beaucoup d'argent pour lui, et un livre sur les chemins de fer et les bateaux. La révolution de 1848 remit le célèbre pamphlétaire sur le chemin de la politique. Battu aux élections de la Constituante, il finit par y entrer, en place d'un représentant de Paris nommé dans plusieurs circonscriptions. Il n'y eut pas les succès que méritait son talent : l'orgueil le rendant insupportable à ses collègues.

Il fut condamné, en 1849, à trois ans de détention pour injures à Napoléon dans son journal *Le peuple*. Il se maria dans la chapelle de la prison et fut remis en liberté le 4 juin 1852.

La *Banque du peuple*, qui devait fonctionner sans capitaux, avec le seul papier-monnaie, fut une entreprise inspirée par Proudhon. Après un succès qu'on devine, il s'empressa de la liquider. Proudhon est mort à Paris, en 1865.

Voici, dans l'ordre chronologique, la liste de ses principaux ouvrages.

1. *Eléments primitifs des langues.* (Ce livre pourrait être signé par un catholique).

2. *De la célébration du dimanche* (au point de vue économique et social).

3. *Qu'est-ce que la propriété?*

4. *Avertissement aux propriétaires.*

5. *De la concurrence entre les chemins de fer et les voies navigables.*

6. *De la création de l'ordre dans l'humanité.*

7. *Organisation du crédit.*

8. *Système des contradictions économiques, ou philosophie de la misère.*

9. *Confession d'un révolutionnaire.*

10. *Idée générale de la Révolution au XIX siècle.*

11. *La Révolution sociale démontrée par le coup d'État du 2 décembre 1851.*

12. *Exposition des principes de l'organisation sociale.*

13. *Manuel des opérations de bourse.*

13. *Alexandre Chazerand* l'auteur de l'Assomption qui décore, à Sainte-Madeleine, la chapelle de la sainte Vierge, habitait Charmont.

Suivant M. Weiss, ce tableau, le seul qu'il ait produit, suffira pour sauver de l'oubli le nom de Chazerand. S'il eût atteint l'âge de la maturité, il serait compté parmi les plus grandes gloires de notre pays (1).

14. Au dix-huitième siècle habitait, rue Battant, le trésorier de France *Perreciot*. Historien consciencieux, savant antiquaire, auteur de nombreux travaux conservés dans les *Mémoires* de l'Académie de Besançon, dont il était membre, Perreciot a laissé de précieux manuscrits qu'on trouve à la bibliothèque de la ville. Ses travaux sur l'ancienne géographie de la Gaule étaient destinés à la publicité ; ils méritent d'être étudiés.

---

(1) *Eloge de Daclin*, par Weiss. *Mémoires de l'Académie, 1844.*

TABLE DES MATIERES

Besançon. — Imp. H. Bossanne.